천지 창조의 비밀

천지 창조의 비밀

현대 과학으로 풀어 본 창세기 1 장

김형택 지음

명현서가

미시 입자 과학부터 거시 우주 과학까지!
현대 과학 지식으로 풀어낸 천지 창조의 원리!

목차

2막

창세기 1장으로 본 과학적 창조 시스템의 이해

3막

지구 자전과 우주에 대한 과학적 이해

1. 영구 기관에 대한 꿈

2. 지구 자전에 대한 과학적 계시

3. 달의 존재에 대한 이해

4막

하나님과 예수님 존재의 과학적 증거

5막

3차원 천국의 비밀에 대한 이해

책을 쓰는 이유

지구는 어떻게 멈추지 않고 계속 자전할 수 있는 걸까요? 저의 의문은 이것으로부터 시작되었다고 할 수 있습니다.

바로 영구 기관!

이후 제 인생은 이 의문을 풀기 위한 연구로 점철되었습니다. 사실 영구 기관은 이미 현실 과학의 열역학 법칙에 의해 불가능하다는 사형 선고를 받은 상태였습니다. 하지만 저의 내면은 끊임없이 영구 기관이 가능하다는 호소를 뱉어 내고 있었습니다. 그것은 지구의 자전이 증명하고 있기 때문이었습니다.

지구는 지금 이 순간에도 끊임없이 회전하고 있습니다. 그렇다면 지구 자전의 비밀을 풀면 영구 기관의 비밀도 해결할 수 있지 않을까, 생각이 여기까지 미치자 제 마음은 요동치기 시작했습니다. 하지만 지구 자전의 비밀을 푸는 데는 매우 오랜 시간이 걸려야 했습니다.

저는 하나님을 믿는 크리스천입니다. 지구 자전의 비밀을 풀기 위한 일생의 연구는 뜻하지 않게 저를 하나님과 더욱 가까운 길로 안내해 주었습니다. 제가 깊은 고뇌에 빠져들면 하나님은 생각지도 못한 지식을 저에게 던져 주곤 하셨던 것입니다. 그것은 바로 천지 창조에 대한 현대 과학적 비밀에 관한 지식이었습니다.

일반적으로 크리스천들은 성경 창세기 1장의 천지 창조 내용을 아무런 비판 없이 그저 맹목적으로 믿습니다. 하지만 지금은 과학이 세상을 지배하는 과학의 시대입니다. 이러한 시대에 마치 미신처럼 성경을 믿다가는 곧바로 공격당하기 십상입니다.

오늘날 교회에 다니는 많은 어린이, 청소년들이 그 피해자입니다. 학교에서는 과학을 배우는데 교회에 오면 신화와 같은 내용을 무조건 믿으라 합니다. 이러한 상황에서 우리 아이들은 어떤 선택을 할 것 같은가요? 분명히 말하지만 지금은 과학이 신앙마저 삼키고 있는 시대입니다. 현재까지의 결론으로는 결코 어떤 것도 과학의 힘을 이길 수 없습니다. 이 때문에 우리 아이들은 결국 과학을 선택하고 교회를 떠나는 일이 부지기수로 일어나고 있습니다.

하나님이 저에게 천지 창조에 대한 현대 과학적 비밀에 관한 지식을 준 까닭이 여기에 있다고 생각합니다. 저는 성경이 결코 신화나 맹목적 믿음을 위해 만들어진 책이 아니라고 생각합니다. 그리고 하나님이 결코 비과학적인 분이 아니라고 생각합니다. 천지를 만드신 분도 하나님이듯 과학을 만드신 분도 하나님이기 때문입니다. 따라서 비록 기원전 수십 세기 전의 기록이라 하더라도 하나님은 분명 과학적 사실을 바탕으로 천지 창조를 기록했다는 것이 저의 판단입니다. 제가 받은 과학적 지식이 그것을 증명해 주고 있기 때문입니다.

저는 이 책에서 먼저는 미시적으로 천지 창조의 과학적 원리를 창세기 1장의 성경 구절을 바탕으로 하나하나 증명해 나갈 것입니다. 그리고 거시적으로 이러한 천지 창조의 원리에 담긴 하나님의 뜻을 푸는 일에까지

도전할 생각입니다. 이를 통하여 우리는 지구와 인간에 담긴 과학적 원리뿐만 아니라 하나님과 예수 그리스도 존재의 과학적 증명에까지 이해하는 시간을 가질 수 있을 것입니다. 더불어 하나님이 깨닫게 해주신 지구 자전의 원리와 영구 기관의 가능성에 대한 이야기도 곁들일 것입니다.

저의 의문은 제가 과학 전공자가 아님에도 불구하고 하나님이 왜 저 같은 사람에게 이런 과학적 지식을 주셨을까 하는 부분에 있었습니다. 그것은 제가 받은 지식을 확인하기 위해 과학 전공자를 만났을 때 어느 정도 이해할 수 있게 되었습니다. 놀랍게도 제가 받은 과학적 지식은 전체적 방향성에 있어서는 과학 이론을 뒤집는 부분이 상당수 포함되어 있었습니다. 만약 과학 전공자였다면 기존의 과학적 선입관 때문에 절대 이런 지식을 받아들일 수 없었을 것입니다. 이 때문에 하나님은 미천한 저 같은 존재를 사용하신 것이라 생각되어 얼마나 하나님께 감사한지 모릅니다.

그렇다고 이 책에서 제가 주장하는 천지 창조에 관한 과학 이야기들이 기존의 과학적 법칙이나 이론을 벗어나는 것은 아닙니다. 이 부분에 대한 검증은 과학 전공자를 통해 받았기에 믿어도 좋습니다. 단, 기존 과학과의 차이점은 거시적 시각의 방향이 다르다는 점에 있다는 것을 알아두길 바랍니다. 즉, 세상의 과학이 인간 중심의 생각과 방향으로 진행하고 있다면 제가 받은 과학 지식은 하나님 중심의 생각과 방향으로 진행하고 있다는 점입니다. 그런데 이 차이가 엄청납니다. 왜냐하면 인간의 생각과 하나님의 생각은 완전히 다를 수 있기 때문입니다.

내 생각이 너희 생각과 다르며 내 길은 너희의 길과 다름이니라

하늘이 땅보다 높음같이 내 길은 너희 길보다 높으며 내 생각은 너희의 생각보
다 높음이니라 (이사야 55:8~9)

부디 이 책을 통하여 천지 창조가 과학적으로 이해되고, 하나님과 예수 그리스도의 존재가 과학적으로 증명되어 많은 사람들이 교회로 돌아오고 다시금 교회가 부흥되는 길이 열리기를 바랍니다. 더하여 기존의 교인 중에서도 하나님을 제대로 믿지 못해 온전한 구원과 천국의 삶을 누리지 못하고 있는 사람들이 많은 이때에 이 책이 도움이 되어 다시금 믿음의 길이 열려 구원과 천국의 삶을 누리는 데 도움이 되길 바랍니다.

끝으로 이 책에서 전개되는 과학적 창조 이야기는 저의 부족한 소견으로 해석된 창조의 논리입니다. 따라서 이게 초석이 되어서 앞으로 신학자나 전문 지식인이 성경에 기록된 말씀을 과학적으로 입증하여 창조를 과학적으로 증거해 주시기를 기대하는 바입니다. 이것이야말로 현대 문명 시대의 신앙에 절실히 요구되는 것이기 때문입니다.

마지막으로 이 책을 만들기 위해 애써주신 출판사 관계자 여러분과, 아낌없이 도움을 주신 이경윤 선생님께 감사의 말씀을 드립니다.

저자 김형택

1막

우주의 차원과
물질 과학 세상의 이해

1. 창조가 사라진 교회

스마트폰 천국이 마치 천국을 연상케 하는 시대

오늘날 스마트폰의 등장과 함께 현대는 스마트한 세상이 되었습니다. 스마트폰만 있으면 누구나 일상생활 속에서 과거에 누릴 수 없는 편리함을 제공받을 수 있습니다. 스마트폰 하나로 우리는 삶의 A부터 Z까지 거의 모든 것을 다 할 수가 있습니다. 집에 가만히 앉아서 하루의 정보를 얻을 수 있고, 쇼핑을 할 수도 있으며 크리스천은 온라인 예배를 드릴 수도 있습니다. 또 스마트폰으로 취미 생활을 즐길 수도 있으며 지인들과 소통할 수 있습니다. 심지어 돈 버는 일을 할 수도 있습니다. 스마트폰은 이제 우리 생활에 없어서는 안 되는 필수품이 된 것입니다. 무엇보다 스마트폰이 우리에게 주는 유익은 언제 어디서나 함께하는 다양한 애플리케이션 덕분에 우리가 몰랐던 지식과 정보를 얻을 수 있다는 점에 있습니다.

스마트 기술은 최근 가상공간의 혁명을 이끌고 있는 '메타버스'까지 등장시키면서 그 발전과 성장이 어디까지 이어질지 주목 받고 있습니다.

메타버스란 '초월한(메타) 세상(버스)'이라는 뜻으로, 현재에는 이미 3차원을 넘어선 세계의 등장을 암시하고 있습니다. 현재 메타버스 기술은 현실 세계를 거의 유사하게 가상 공간에 구현하는 데까지 와 있습니다. 실례로 현실의 나와 거의 유사한 존재인 아바타를 메타버스의 가상공간에 구현시키고 있습니다. 나의 아바타는 모습뿐만 아니라 내 표정과 몸짓까지 그대로 따라 할 수 있습니다. 여기에 나의 인공 지능을 심는 기술까지 이루어진다면 그야말로 나의 아바타를 가상공간에 구현할 수 있게 됩니다.

다음으로 현실의 공간들이 거의 유사한 모습으로 가상공간에 구현되고 있습니다. 예를 들어 국내 최대의 메타버스 게임인 '제페토'에는 서울대공원이 입점해 있는데, 현실의 서울대공원과 거의 같은 외형과 내용을 포함하고 있습니다. 현재 제페토에서는 전 세계 약 2억 명의 유저들이 게임을 즐기고 있으며, 각 유저들은 게임 속에서 자신의 아바타를 만들어 각종 게임 속 콘텐츠들을 즐기고 있습니다. 아바타가 제페토에 입점해 있는 서울대공원을 방문할 경우, 실제 서울대공원에 있는 각종 시설들을 실제처럼 이용할 수도 있습니다. 제페토에는 서울대공원뿐만 아니라 각종 명품관을 포함한 쇼핑몰과 영화관, 카페 등도 입점해 있습니다. 아바타들은 이런 곳에서 가상화폐를 이용하여 쇼핑을 즐기며 다른 아바타 친구들과 영화도 보고 카페에서 티타임을 즐길 수 있습니다. 제페토에 입점해 있는 기업들은 이런 아바타들의 소비를 통하여 돈을 벌어들이고 있습니다.

메타버스의 놀라운 점은 현실과 똑같은 세계가 들어와 있다는 점뿐 아니라 시공간을 초월한 세계를 구현할 수 있다는 점에 있습니다. 가상 공간은 3차원의 현실 공간과 달리 시공간을 초월한 새로운 세상입니다. 이곳에서는 우리가 시간의 제약 때문에 하지 못했던 일, 공간의 제약 때문에 하지 못했던 일도 마음껏 해낼 수 있게 됩니다. 이것이 메타버스 세상에서 누릴 수 있는 최고의 효율성입니다.

이처럼 스마트 기술과 메타버스 세계를 보고 있노라면 그 자유로움과 효율성이 마치 천국의 세상이 지상에서 나타나는 것 같이 보이기도 합니다. 그런 점에서 어쩌면 첨단 과학 기술의 발전은 하늘의 천국이 이 땅에 구현되는 방향으로 가고 있는지도 모릅니다. 마치 주기도문에서 뜻이 하늘에서 이룬 것같이 땅에서도 이루어지이다, 하는 말씀처럼 말입니다.

첨단 과학과 달리 교회는 쇠퇴하고 있는 이유

첨단 과학이 꿈의 세상을 향해 고도의 발전을 이루고 있는 것과 달리 오늘날 교회는 쇠퇴를 거듭하고 있는 것처럼 보입니다. 코로나19가 터졌을 때에는 교회가 가장 먼저 사회의 지탄이 되더니 3년이 지난 지금, 교회는 마치 날개 잃은 천사와 같은 모습을 하고 있습니다. 20세기 말부터 정체 현상을 보이던 교회는 밀레니엄 시대에 들어서면서 더욱 쇠퇴 현상을 보이고 있습니다. 여기에 코로나19는 마치 불에 기름을 부은 격이 되어 교회의 쇠퇴를 더욱 가속화하였습니다. 주목할 점은 교회의 쇠퇴가 과학의 발전과 대비되고 있다는 점입니다. 과학이 발전하면 할수록 교회는 더욱 쇠퇴하고 있는 것입니다.

저는 이 이상한 현상에 대하여 생각해 보았습니다. 그리고 그것은 교회가 과학을 경시했기 때문에 일어난 일이 아닌가 하는 결론에 도달하였습니다. 지금이 과학 시대임에도 불구하고 오늘날 교회에서는 과학적 성경 이야기를 거의 하지 않습니다. 그것은 성경과 과학을 연결하기가 어렵기 때문에 일어난 일일 수도 있습니다. 하지만 지금은 과학 시대이기 때문에 성경과 과학을 연결하지 않으면 교인들은 의문을 품을 수밖에 없습니다. 특히 제대로 과학을 배우고 있는 젊은 세대가 지닐 의문은 더욱 커질 수밖에 없습니다.

오늘날 교회의 실태를 보면 나이가 많은 신자들이 대부분입니다. 반면 젊은 세대인 청년이나 어린아이는 그 수가 점점 줄어들고 있는 것이 현실입니다. 이대로 가다가는 한국 교회도 머지않아 유럽 교회처럼 교회가 텅 비는 현상이 올 거라고 많은 사람들이 예상하고 있습니다.

현재 교회 목사님들의 설교를 보면 윤리적 말씀이 대부분을 차지하고 있는 것을 볼 수 있습니다. 성경을 전체적으로 이해할 수 있도록 설교하기보다 부분적으로 말씀 하나를 선택하여 그에 관한 윤리적 설교를 하는 경우가 대부분입니다. 이러다 보니 교인들은 성경에 대하여 체계적으로 알기 힘들며 과학적 이해는 더욱 불가능한 상황에 놓여 있습니다.

시작이 반이라는 말이 있듯, 저는 성경에서도 창세기 1장이 가장 중요하다고 생각합니다. 성경의 시작인 창세기 1장의 내용이 이해되어야 그 다음의 내용들이 서로 연결되어 잘 이해될 수 있기 때문입니다.

그런데 창세기 1장의 내용이 바로 천지 창조에 관한 내용입니다. 문제는 천지 창조는 과학에서도 이야기하고 있는 부분이기에 성경의 천지 창조도 과학적으로 이해되어야 한다는 점입니다. 성경을 단지 문자적으로만 보면 말씀 한마디로 천지가 창조된 것처럼 보이기에 과학의 입장에서 보면 성경의 창세기는 마치 신화처럼 여길 수 있습니다. 이 문제를 해결해야 하는데 목사님들 중에 이러한 과학적 창조에 관한 설교를 하지 않는 것이 현실입니다.

창조과학회라는 곳이 만들어져 성경을 과학으로 풀려고 여러 시도를 하고 있지만 과학의 비전공자인 제가 보기에도 여전히 부족해 보이는 것이 현실입니다. 이러다 보니 목사님들이 창조를 과학적으로 설교한다는 것도 쉽지 않은 게 현실입니다. 혹 어설프게 창조에 대한 설교를 했다가 이게 과학적으로 문제가 되면 미래 세대들에게 더욱 의문을 가중시킬 수도 있습니다. 오늘날 교회의 상황이 이렇다 보니 창조에 대한 믿음은 더욱 약화될 수밖에 없습니다. 저는 오늘날 교회의 힘이 점점 약화되어 가는 이유 중 하나가 바로 창조에 대한 믿음이 약화되어 가기 때문이라고 생각합니다. 창조에 대한 과학적 이해와 믿음이 없기에 하나님에 대한 진실한 믿음도 생기지 않고 그 결과, 교회의 힘은 점점 약화되어 갈 수밖에 없는 것입니다.

하나님 사역의 핵심은 창조에 있다!

하나님이 하시는 일에는 여러 가지가 있습니다. 그중 하나가 창조입니다. 하나님에 의해 태초에 천지 창조가 이루어졌고 지금도 창조는 계속하여 이루어지고 있습니다. 인류는 과학의 발달과 산업 혁명으로 획기적인 발전을 이루었으며 이후 컴퓨터, 스마트폰의 발명은 한 차원 높은 문명 세상으로 인류를 이끌고 있습니다. 이 모든 창조들이 인간에 의해 이룬 것처럼 보이지만 사실은 하나님에 의해 주어진 지혜와 계시로 이루어진 것들이라고 저는 생각합니다. 과학 문명 시대가 되기까지 보혜사 성령님이 사상가나 과학자에게 관여하여 계시로 알려 주시고, 영감으로 알려 주시고, 연구하는 관찰자에게 보여 주시고, 꾸준한 노력 끝에 결과를 얻어 내게 하신 것이라는 이야기입니다.

구하라 그러면 너희에게 주실 것이요 찾으라 그러면 찾을 것이요 문을 두드리라 그러면 너희에게 열릴 것이니(마태복음 7:7)

하나님 창조의 핵심적 비밀은 창세기 1장의 천지 창조에 숨어 있습니다. 하나님은 왜 천지 우주를 창조하셨을까요? 그 비밀이 창세기 1장에 고스란히 숨어 있습니다. 이제 우리는 이 책을 통하여 그 비밀에 담긴 과학적 원리를 하나하나 풀어 나갈 것입니다. 중요한 것은 이러한 천지 창조의 핵심이 지구 창조와 인간의 창조에 있다는 사실입니다. 하나님은 결국 인간을 창조하기 위해 지구의 창조가 필요했고, 지구의 창조를 위해 우주의 창조가 필요했던 것입니다. 하나님은 왜 지구와 인간의 창조를 이처럼 중요하게 여겼던 것일까요?

4차원 천국을 3차원 땅에 구현하는 것이 창조의 핵심

주기도문에 "뜻이 하늘에서 이룬 것같이 땅에서도 이루어지이다"라는 말씀이 있습니다. 저는 이 말씀 한 문장에 놀라지 않을 수 없었습니다. 왜냐하면 이 한 문장에 천지 창조의 비밀이 숨어 있기 때문입니다. 성경 신학자들이 가장 난해하게 생각하는 구절이 창세기 1장 1~2절입니다. 이것이 난해 구절이 된 이유는 실제 천지 창조가 3절부터 시작되는데 도 대체 천지 창조가 일어나기도 전에 왜 물과 흑암이라는 존재가 등장하느냐 하는 문제 때문이었습니다. 자세한 설명은 뒷부분에서 하겠지만 놀랍게도 이 문제에 대한 해석이 바로 "뜻이 하늘에서 이룬 것 같이 땅에서도 이루어지이다"라는 예수님 말씀 속에 숨어 있습니다. 예수님은 어떻게 하늘의 비밀을 알고 이런 말씀을 할 수 있었을까요? 저는 그것이 분명 예수님이 하나님의 아들이기 때문에 가능하다는 생각에 이를 수밖에 없었습니다. 그렇지 않고서야 어떻게 하늘의 비밀을 알고 이런 말씀을 할 수 있었겠습니까.

주기도문에서 '하늘'은 하나님이 계신 천국이라고 예측할 수 있습니다. 그리고 하나님은 영적 존재이므로(하나님이 영이시니-요 4:24) 하늘은 3차원 이상의 세계라고 할 수 있습니다. 그것을 4차원이라고 가정했을 때 "뜻이 하늘에서 이룬 것같이 땅에서도 이루어지이다"라는 말씀은 4차원 천국의 세상을 3차원 땅에도 이루어지게 한다는 의미로 해석할 수 있습니다. 즉, 하나님이 태초에 천지를 창조한 까닭은 4차원 비물질 세상의 천국을 3차원 물질 세상인 땅에 구현하기 위한 엄청난 목적이 있었다고 볼 수 있는 것입니다.

창조를 이해해야 굳건한 믿음 가질 수 있다

그런 점에서 하나님의 창조는 결국 천국과 관계가 있음을 이해할 수 있습니다. 즉, 천국을 위해 이 땅의 창조를 일으킨 것입니다. 성경에서는 이 천국을 '구원'이라는 단어로 표현하기도 합니다. 우리는 결국 구원받기 위해 하나님을 믿고 신앙생활을 한다고 볼 수 있는데, 창조에 바로 이 구원의 비밀이 숨어 있을 만큼 창조의 의미는 대단하다고 볼 수 있는 것입니다.

이처럼 중요한 의미를 지닌 창조를 교회가 소홀히 다루고 있으니 안타까울 따름입니다. 게다가 창조를 다루는 교회조차 그저 맹목적으로 믿으라 하니 요즘 같은 과학 시대에 잘 통하지 않는 것입니다(물론 하나님의 특별한 은혜를 입은 신자들은 과학을 초월한 믿음을 갖게 되므로 예외입니다).

요즘은 과학 세상이므로 창조는 반드시 과학과 연결하여 이해해야 굳건한 믿음을 가질 수 있습니다. 맹목적 믿음은 새로운 사실이 들어오는 순간 마치 모래성이 허물어지듯 속절없이 무너질 수 있으므로 조심해야 합니다. 예를 들어 "빛이 있으라 하니 빛이 생겼다"는 구절을 맹목적으로 믿으면 믿을 수야 있겠지만 말 한마디로 물질이 생길 수 없다는 과학적 사실을 아는 순간 의심이 생기게 되고 믿음은 허물어지고 마는 것입니다. 이것이 맹목적 믿음의 한계입니다.

반면 과학적 사실에 바탕을 둔 믿음은 흔들리지 않습니다. "빛이 있으라 하니 빛이 생겼다"는 구절의 행간에는 다음과 같은 과학적 사실이 숨어 있는 것입니다. 즉, 말에는 뜻과 소리 에너지가 포함되어 있습니다. 빛과 관련해서는 빛이 있으면 좋겠다는 뜻이 포함되어 있습니다. 아시다시피 말 자체가 소리 에너지체입니다(과학 실험에서 소리 에너지가 불을 끄는 장면을 볼 수 있는데 이는 소리의 진동 에너지가 불에 영향을 미쳐 나타나는 현상입니다). 즉, 말에는 뜻과 파동(진동) 에너지가 포함되어 있음을 알 수 있습니다. 그런데 아인슈타인의 에너지 공식에 의하면 $E=mc^2$에서 에너지는 물질로 전환될 수 있음이 밝혀졌습니다. 다시 말해 말 에너지는 그 뜻에 따라 얼마든지 원하는 물질로 전환될 수 있음이 과학적으로 밝혀진 것입니다. "빛이 있으라 하니 빛이 생겼다"는 구절에서, 창조된 빛은 아마도 이러한 과학적 원리에 의해 창조된 빛이라고 볼 수 있을 것입니다. 이런 원리로 하나님의 말씀이 과학적 원리에 의해 여섯째 날까지의 물질 창조에 적용되었을 것이라고 생각합니다.

비물질의 뜻에 의해 물질이 창조되는 과학적 원리도 마찬가지입니다. 여기서 비물질이라 하면 생각, 감정, 지식, 말 등 여러 가지가 있을 수 있을 것입니다. 그런데 사실 세상의 모든 물질은 이러한 비물질의 뜻에 따라 창조되기 마련입니다. 예를 들어 물을 담기 위한 뜻에 따라 컵이 창조되었고, 글을 쓰기 위한 뜻에 따라 펜이 창조되는 식입니다. 세상의 모든 물질은 그냥 우연히 생겨난 것이 아니라 비물질의 어떤 뜻이 있었기 때문에 그 뜻에 따라 창조되었던 것입니다. 말씀에 포함된 뜻이 중요한 이유가 바로 이 때문입니다.

　이제 말에 의해 물질이 창조되는 과학적 원리가 조금 이해되었나요? 그런데 창세기 1장의 창조는 감히 하나님의 말씀이 적용되는 순간입니다. 그러니 위대한 지구와 우주의 물질 세계가 창조되는 것은 당연한 이치입니다.

　말씀에 의한 물질 창조를 이러한 과학적 원리에 바탕을 두고 이해한다면 이제 흔들리지 않는 믿음을 갖게 될 것입니다. 이것이 맹목적 믿음과 과학적 믿음의 차이입니다. 이것은 곧 예수님이 마태복음 7장에서 말씀하신 모래 위에 지은 집과 반석 위에 지은 집의 차이만큼 큰 것이라 하지 않을 수 없습니다.

2. 하나님과 물질 인간의 관계에 대한 해석

과학적 차원으로 3차원보다 4차원이 높다

이 책의 본론에 들어가기 전에 먼저 차원에 대한 이해가 필요합니다. 보통 우리가 살고 있는 지구를 3차원 세계라고 표현합니다. 수학적 차원으로 1차원은 선, 2차원은 선이 모여 이루어진 면, 3차원은 면이 모여 이루어진 공간이라고 표현합니다. 지구를 3차원이라고 부르는 이유는 지구가 입체 공간에 존재하기 때문입니다. 그리고 지구에 존재하는 모든 물질은 입체이기 때문에 3차원 공간에 살 수 있는 것입니다.

그렇다면 수학적으로 보는 4차원은 어떨까요? 수학에서의 4차원은 다음 그림과 같이 공간이 모여 이루어진 초입방체의 모습으로 그려집니다.

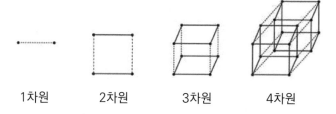

1차원   2차원   3차원   4차원

그런데 이것은 좌표상으로만 따진 것이고, 만약 3차원 공간에 시간을 추가해도 4차원 시공간이 될 수 있습니다(4차원 시공간 개념은 아인슈타인에 의해 제시되었습니다). 즉, 차원이 높아지는 데 있어 공간과 다른 요소가 추가되어도 차원은 높아질 수 있는 것입니다. 이런 식으로 하여 과학자들은 우주가 무려 10~11차원으로 이루어져 있을 것으로 예측하고 있습니다.

과학적 차원 이야기에서 중요한 것은 숫자가 높아질수록 높은 차원이 된다는 점입니다. 이는 곧 3차원보다 4차원 세계가 더 높음을 뜻합니다. 이 때문에 3차원 세계에서는 절대 4차원 세계를 모두 이해할 수 없습니다. 반대로 4차원 세계에서는 3차원 세계를 훤히 다 볼 수 있고 조정도 할 수 있을 것입니다. 이로 인해 4차원 세계의 뜻을 3차원 세상에 구현할 수도 있을 것입니다. 반대로 3차원 세계에서는 아무리 알려고 해도 4차원 세계를 온전히 이해하기 힘듭니다. 이 때문에 지구에서는 4차원 세계에 대한 온갖 상상이 난무하고 있는 상태입니다.

4차원은 영으로 이루어진 세계? - 4차원 영성

우리가 차원 세계를 상상할 때 오해하는 것이 있습니다. 1차원과 2차원, 3차원, 4차원이 별개로 존재한다고 생각하는 것입니다. 하지만 이것은 수학적 개념으로 볼 때 잘못된 생각입니다. 2차원 안에 1차원이 포함되어 있고 3차원 안에 1, 2차원이 포함되어 있습니다. 잘 생각해 보세요. 면 안에 선이 포함되어 있지 않습니까. 또 공간 안에 선과 면이 다

포함되어 있지 않습니까. 이런 식으로 따져 볼 때 4차원의 세계를 어느 정도 유추해 낼 수 있게 됩니다. 즉, 4차원 안에 일단 1, 2, 3차원이 이미 포함되어 있다는 사실입니다. 따라서 4차원은 비물질로만 이루어져 있다는 생각도 사실은 잘못된 것입니다. 3차원으로 이루어진 세계에 더하여 3차원에서는 모르는 어떤 요소가 추가되어 있는 세상이 바로 4차원 세상이라는 것입니다. 그런데 4차원 세상에 포함되어 있는 이 추가적 '요소'가 과연 무엇일지에 대해서는 여러 가지 이론이 난무하고 있습니다.

저는 과거에 이 부분에 대하여 고 조용기 목사님이 하신 말씀을 잊을 수가 없습니다. 조용기 목사님은 4차원의 영성에 대한 책을 내셨는데 조용기 목사님은 4차원에 추가된 요소를 '영적 세계'라고 생각하셨습니다. 조용기 목사님이 말씀하셨던 영적 세계의 요소들은 생각, 꿈, 믿음, 말씀 등입니다. 저는 이 요소들을 보면서 제가 받았던 과학적 계시와 연결시킬 수 있었습니다. 즉, 4차원 세계의 추가적 요소가 '영'이라면 하나님의 영, 즉, 성령이 4차원 세계의 추가적 요소에 해당할 수 있다고 생각하게 된 것입니다.

4차원 세계의 성령님은 하나님의 생각을 그대로 나타내는 분이라고 볼 수 있습니다. 가장 높은 차원에 계신 하나님은 4차원의 성령을 통하여 3차원 물질 세계의 창조를 생각하셨던 것입니다. 그리고 하늘에 있는 천국의 뜻을 3차원 물질 세계에 펼치고자 하는 꿈을 꾸셨던 것입니다. 그 꿈은 강렬한 믿음으로 이어졌고 드디어 말씀에 의해 천지를 창조하기에 이르렀던 것입니다. 그런 점에서 "뜻이 하늘에서 이룬 것같이 땅에서도 이루어지이다" 하는 말씀도 이루어지게 되었던 것입니다.

4차원 하나님의 뜻에 따라 만들어진 3차원 인간
- 따라서 하나님과 인간은 주종 관계

그런 점에서 인간은 4차원 하나님의 뜻에 따라 3차원의 몸으로 만들어진 존재라고 볼 수 있습니다. 이와 관련하여 창세기 1장 26~27절을 살펴보는 것이 중요합니다.

하나님이 이르시되 우리의 형상을 따라 우리의 모양대로 우리가 사람을 만들고 그들로 바다의 물고기와 하늘의 새와 가축과 온 땅과 땅에 기는 모든 것을 다스리게 하자 하시고 하나님이 자기 형상 곧 하나님의 형상대로 사람을 창조하시되 남자와 여자를 창조하시고(창세기 1:26~27)

4차원 하나님의 뜻에 따라 많은 물질들이 만들어졌지만 유독 인간은 위의 말씀처럼 하나님의 형상에 따라 만들어졌습니다. 여기서 형상(形狀)이란 겉모양(形)과 속 모양(狀)을 모두 합한 말입니다. 즉, 인간은 하나님의 겉모양뿐만 아니라 속모양(영 또는 마음)까지 닮게 만들어졌다는 것입니다. 여기에서 우리는 중요한 것을 파악할 수 있게 됩니다. 즉, 3차원의 인간은 4차원 하나님의 뜻에 따라 지음받은 존재이기 때문에 서로가 주종 관계, 더 깊게는 부자(夫子) 관계에 있다는 사실입니다. 이 때문에 인간은 하나님의 뜻에 따라 살 때에만 진정한 능력을 발휘할 수 있고 행복에도 이를 수 있습니다. 그래서 이것을 깨달은 사도 바울이 빌립보서 4장 13절에서 "내게 능력 주시는 자 안에서 내가 모든 것을 할 수 있느니라"라고 고백했던 것입니다.

오늘날 인간이 이룬 과학적 성과 역시 하나님의 선물

오늘날 눈부신 과학의 발전을 볼 때 인간의 힘이 대단하다는 느낌을 받게 됩니다. 하지만 저는 과학의 발달도 인간의 능력만으로 이루어진 것이 아니라 하나님의 도우심이 있었기 때문에 가능했다고 생각하고 있습니다. 과학의 발달 과정을 보면 우연이 너무도 많습니다. 실험 중에 우연히 원자핵을 발견했고, 우연히 전자를 발견했습니다. 물론 설이라는 의견도 있지만 뉴턴 역시 사과나무 밑에서 사과가 떨어지는 것을 보고 우연히 (계시를 받아) 만유인력을 발견했습니다. 과학의 성과를 보면 그때그때 하나님의 도우심이 느껴질 정도입니다. 이를 통하여 과학의 발전은 하나님의 계획하에 이루어진 것이라 볼 수 있습니다. 하나님은 이미 큰 그림을 그리고 과학 세계로 인간들을 유도하고 있었던 것입니다.

그런데 인간은 스스로 과학을 발전시켰다고 생각하고 있습니다. 이 부분에서 인간은 교만을 조심해야 합니다. 성경 잠언 16장 18절에서는 "교만은 패망이 선봉이요 거만한 마음은 넘어짐의 앞잡이니라"라고 분명히 말하고 있습니다. 사실 아담과 이브가 에덴동산에서 쫓겨난 원인도 하나님처럼 되고 싶은 교만 때문이라고 볼 수 있습니다. 따라서 인간은 절대 교만해서는 안 될 것입니다. 과학이 발달할수록 과거 바벨탑 사건을 교훈 삼아야 할 것입니다. 오늘날의 과학이 또 다른 바벨탑이 될 수 있음을 명심해야 합니다. 이를 위해 우리 3차원 인간은 4차원 성령의 뜻에 따라 지음 받았다는 인식을 늘 간직하는 것이 중요합니다.

과학 세계의 발전은 3차원 천국을 암시!

그렇다면 하나님은 왜 과학을 발달시키려는 뜻을 펼치고 계실까요? 그것은 과학을 통하여 이 땅에 4차원의 천국을 펼칠 계획을 가지고 계시기 때문이라고 생각합니다. 왜냐하면 하나님은 분명 예수님을 통하여 '뜻이 하늘에서 이룬 것같이 땅에서도 이룬다'고 약속하셨기 때문입니다. 하늘의 천국을 어떻게 땅에 펼칠 수 있을까요? 그 내면적 사상에 대해서는 이미 예수님을 통하여 세상에 다 알리셨습니다. 그리고 성령(하나님의 영)을 통하여 계속 이루어지고 있습니다. 이제 남은 것은 물질적 행복까지 이루어 내는 것인데, 이때 과학이 필요한 것입니다. 그래서 하나님은 지혜와 계시 등을 인간에게 부어줌으로써 과학을 발달시켰던 것입니다. 그리고 과학 발전의 끝은 결국 이 땅에 이루어지는 행복한 세상, 곧 천국이라고 생각합니다.

결국 4차원 세계의 성령을 이해하는 것이 핵심!

하나님의 영(성령)을 통하여 이 땅의 천국이 이루어져 가고 있다면 성령을 이해하는 것이 무엇보다 중요하다 하지 않을 수 없습니다. 성령님은 기하학적 4차원 속의 영이라고 말할 수 있습니다. 우리가 사는 현 세상은 3차원 입체적 세상이며 지구의 모든 것은 3차원으로 구성되어 있습니다. 지구는 3차원이기 때문에 4차원의 지배를 받을 수밖에 없고 그래서 기이한 사건도 일어나게 되는데, 아둔한 인간들은 4차원을 이해하지 못하기 때문에 이러한 현실을 깨닫지 못한 채 살아가고 있습니다.

현대는 4차 산업 혁명 시대를 향해 가고 있습니다. 손에 든 스마트폰으로 모르는 것을 검색하면 즉시 그 해답이 나옵니다. 지구 반대편에 사는 친구를 보고 싶으면 즉시 친구 모습을 화면으로 마주 보며 대화할 수 있는 세상입니다. 스마트폰을 만든 기업의 기술이긴 하지만 3차원의 눈으로 보면 참으로 기이한 일이 아닐 수 없습니다. 이것이 기이하게 보이는 이유는 3차원에서 4차원에서나 가능한 일이 일어나고 있기 때문입니다. 어항 속의 물고기가 바깥 세계를 알 수 없는 것처럼 3차원의 아둔한 인간은 4차원의 세계를 이해할 수 없는 법입니다.

하지만 4차원의 존재인 하나님 영의 인도를 받으면 이야기가 달라지게 됩니다. 예수님은 이미 4차원 이상의 세계에 계셨던 분이었기에 이 세계를 잘 알고 있었겠지만 인간은 다릅니다. 하지만 우리 인간 역시 하나님의 형상대로 지음 받은 존재이기에 내면 깊숙한 곳에 4차원의 영을 가진 존재이기도 합니다. 그래서 인간도 4차원 하나님 영의 지배를 받고 살아갈 수 있는 가능성을 가지고 있습니다.

하나님과 함께라면 못할 것이 없다!

4차원에 계셨던 하나님의 영, 곧 성령님은 3차원 세상을 지배하고 변화시키고 역사하시는 또 다른 하나님이라고 할 수 있습니다.

3차원이 4차원을 다스리지 못합니다. 즉, 인간이 성령님을 다스리지 못하는 것입니다. 4차원의 성령님과 통해야 비로소 3차원의 고달픈 인생의 문제를 해결할 수 있는 것입니다.

인간의 몸은 참으로 신비로운 존재가 아닐 수 없습니다. 인간의 몸은 3차원이지만 그 속은 4차원의 영이신 성령님이 들어올 수 있는 구조로 되어 있습니다. 인간에게도 하나님의 형상을 닮은 영이 존재하고 있기 때문입니다. 따라서 인간이 하나님을 믿고 그리스도의 말씀에 순종하고자 하는 마음을 가지면 우리의 마음속에 성령님이 들어와 역사하실 수 있습니다.

성령님이 인간의 마음을 움직이게 되면 마음에 꿈을 주시고, 생각나게 하시고, 믿음을 주시며, 행동하게 하십니다. 인간은 하나님의 형상대로 지음 받았기 때문에 이러한 성령의 능력이 진행될 수 있는 것입니다. 21세기는 첨단 과학의 시대가 되었습니다. 마치 천국에서나 있을법한 기이한 세상 같은 일이 현실에서 마구 펼쳐지고 있습니다. 이러한 일도 인간의 마음에 성령님이 역사하시므로 펼쳐지는 일이라 할 수 있으며 그 결과로 성령님이 천국 같은 세상을 선물하신 것이라 생각할 수 있습니다.

하나님의 형상대로 지음 받은 인간도 성령님처럼 꿈을 꾸고, 생각하며, 믿음을 가지고 말을 하는 등의 영성을 발휘할 수 있습니다. 인간은 하나님이 만든 모든 피조물 가운데 영과 혼을 모두 가진 유일한 존재이기 때문입니다. 이 때문에 하나님은 인간에게 만물을 다스릴 권한을 주셨던 것입니다. 만약 인간이 성령님과 함께한다면 성령님이 주신 능력으로 모든 것을 할 수 있다고 생각합니다. 이처럼 성령님은 우리 인간에게 없어서는 안 될 위대한 존재인 것입니다.

3. 우주의 기원을 밝히려는 인간의 노력

각종 우주선의 탐사로 발견된 우주의 광대함

어린 시절 시골에 대한 추억이 있는 사람이라면 밤하늘에 수없이 많은 별이 무수히 펼쳐져 있는 것을 본 추억이 있을 것입니다. 처음에는 무수히 많은 별만 보다가, 이를 한참 동안 바라보고 있노라면 큰 별 넘어 보일락 말락 한 아주 작은 별들까지 밤하늘에 가득 차 있다는 사실을 알게 됩니다. 저렇게 많은 별들이 있다면 자연스럽게 그중에 지구같이 아름답고 자원이 풍부하며 생명체가 존재하는 행성이 있을 것이란 생각을 하게 됩니다. 천문학자들은 이런 생각으로 지구와 비슷한 행성을 발견할 수 있지 않을까 하는 기대 속에 오늘도 허블망원경으로 별들을 관측하고 있지만 아직까지 생물이 존재하는 행성은 발견하지 못한 상태라고 합니다.

인간이 우주선을 쏘아 올리기 시작한 지 어느새 60년을 넘어서고 있습니다. 최초로 구소련에서 1960년 10월에 우주선을 발사하였습니다. 그때엔 비록 실패하였지만 2년 후인 1962년 8월에 미국에서 발사한 마리너 2호는 처음으로 금성 탐사를 마치고 돌아오는 데 성공했습니다. 그 이후 달 탐사, 화성 탐사를 하였고 보이저 1호는 목성, 토성 그리고 태양계 외곽까지 탐사할 뿐 아니라 보이저 2호는 천왕성, 해왕성까지 탐사할 정도로 우주 기술은 발전하고 있습니다. 그럼에도 불구하고 지구와 비슷한 환경을 가진 행성은 발견하지 못한 상태입니다.

우주의 존재를 몰랐을 때 인류는 막연히 하늘을 보며 우주는 신들이 존재하는 미지의 세계라고 상상하기만 했습니다. 그리고 태양과 달과 별들이 지구 중심으로 돌고 있었으므로 자연스럽게 지구 중심설이라고도 불리는 천동설의 사상을 가지고 있었습니다.

하지만 코페르니쿠스와 갈릴레이 등의 학자들에 의해 지동설이 확립되면서 우주에 대한 지식이 달라지게 되었습니다. 그리고 우주 망원경, 각종 우주 탐사선의 등장으로 우주의 실체가 하나둘 밝혀지면서 우주는 그야말로 인간이 상상할 수 없을 정도로 광대한 존재임을 알게 되었습니다. 태양계의 존재가 밝혀졌고 태양계 같은 것들이 무수히 많이 있다는 은하계의 존재가 드러났습니다. 그리고 이러한 은하계 역시 무수히 존재하고 있으며 이것들이 다 모여 우주를 구성하고 있다는 사실이 밝혀졌습니다.

그뿐만 아니라 이러한 것들을 모두 담고 있는 우주의 크기 또한 놀라움을 자아내고 있습니다. 지구에서 안드로메다은하까지 가려면 빛의 속도로 가더라도 무려 250만 년이나 가야 할 정도로 우주의 크기가 크다는 것입니다. 지금까지 발견된 가장 멀리 떨어진 천체로 알려진 퀘이사까지의 거리는 빛의 속도로 갈 때 지구에서부터 180억 년이 걸린다고 하니 도대체 우주의 크기가 얼마나 클지는 상상조차 하기 힘듭니다.

이렇게 광대한 우주 속에서 지구는 바닷가 모래사장의 모래 한 알 정도도 안 되는 크기에 불과하다는 사실을 알게 되었습니다. 이로써 지구 중심설은 더 이상 설 땅을 잃게 되었고, 이제 인류의 관심은 광대한 우주 속에 분명히 생명체가 살고 있는 행성이 있을 것이라는 생각에 외계인에게로 옮겨 가게 된 것입니다.

아직 지구보다 발전된 행성을 찾지 못하는 이유

현재 외계인의 존재를 믿는 사람도 있지만 적어도 과학적으로 외계인은 발견하지 못한 상태에 있습니다. 아니, 외계인은커녕 지구와 같은 생명체가 존재하는 행성조차 발견하지 못한 상태입니다. 과학자들의 우주 발견이 맞다면 논리적으로라도 지구와 같은 행성이 존재해야 하고 생명체도 발견되어야 할 것입니다. 그런데 이상하게도 생명체가 존재하는 행성조차 발견하지 못하고 있는 상태입니다. 도대체 왜 이런 결과가 나타나는 것일까요?

생명체가 존재하기 위해서는 태양계의 지구와 비슷한 환경을 가진 행성이 있어야 합니다. 과학자들은 지금까지 이런 행성을 찾는 노력을 한 결과, 조건을 충족하는 5천여 개의 행성을 찾아내었고 그중 지구와 비슷한 환경을 가진 행성 20여 개를 골라내기까지 하였습니다. 그런데 이 20여 개의 행성들을 자세히 관찰하였더니 하나같이 뭔가 부족한 것이 발견되었습니다. 결국 지구와 같은 행성은 아직까지 발견하지 못하고 있는 상태입니다. 당연히 외계인의 존재는 가능성조차 발견하지 못하고 있는 상태입니다.

인간의 우주 탐구가 이러한 현상을 겪고 있는 까닭이 혹시 우주의 탄생을 저 먼 하늘에서 비밀을 찾으려고만 했기 때문은 아닐까요? 오늘날 우리는 과학 만능 시대를 살고 있지만 과학이 해결해 주지 못하는 것들이 더 많습니다. 이때 해답을 찾기 위한 방법 중 하나로 하나님의 영감에 의해 기록된 성경을 참조하는 것도 좋은 방법이 될 수 있을 것입니다. 성경 창세기의 창조는 철저히 지구 중심의 창조 이야기를 하고 있습니다. 따라서 우주로부터 답을 찾는 것보다 지구로부터 우주의 답을 찾는 것도 하나의 연구 방법이 될 수 있습니다. 성경에는 하나님이 지구를 먼저 창조하고 태양과 달, 별들을 창조한 후 지구에 생물들을 창조한 기록이 나와 있기 때문입니다.

과학 시대가 펼쳐지면서 성경은 하나의 신화처럼 치부되었지만 성경의 내용이 하나하나 과학적으로 증명되는 일들이 일어나고 있습니다. 비과학 시대에 기록된 성경이 오늘날에 과학적으로 입증되고 있는 것은 참으로 놀라운 일이라 하지 않을 수 없습니다. 이 책에서는 성경의 기록을 과학적 증명을 바탕으로 지구로부터 시작하여 우주의 탄생까지 추리해 나갈 것입니다.

빅뱅 우주론의 한계

그렇다면 이처럼 광대하고 신비한 우주는 도대체 어떻게 탄생한 것일까요? 이런 고민에서 나온 것이 그 유명한 '빅뱅 이론'입니다. 빅뱅 이론에 대해서는 아마도 대폭발에 의해 우주가 탄생했다는 이론 정도로 알고 있는 사람들이 많을 것입니다. 하지만 빅뱅 이론은 물질의 탄생 배경을 다루고 있기에 더더욱 주목할 필요가 있습니다.

우주가 탄생할 무렵의 태초에 초고압(고밀도 상태)과 초고온으로 매우 압축된 에너지가 존재하는 지점이 발생하였습니다. 이것이 대폭발을 일으키면서 우주는 급속히 팽창하여 나가게 되었는데, 그 결과로 오늘날 우주가 탄생했다는 것이 빅뱅 이론입니다. 왜 고밀도 상태의 초고압과 초고온의 지점이 발생했는지 알 수 없지만 어쨌든 초고압과 초고온이 폭발을 일으키자 급속한 팽창에 의해 압력과 온도가 내려가게 되었을 것입니다. 이 과정에서 에너지가 물질로 변화하는 어떤 현상이 생기게 되었고 드디어 많은 형태의 소립자가 나타났을 것으로 여겨지고 있습니다. 이러한 시간이 100만 년이나 흐른 뒤 드디어 원자가 형성되었을 것으로 추정하고 있습니다. 이 원자에 의해 물질이 만들어졌고 물질이 모여 작은 행성체, 항성체 등이 생성되면서 우주가 발전하였을 것으로 예상하고 있습니다.

빅뱅 이론에서 어떤 초고도 에너지의 대폭발에 의해 물질이 만들어졌다는 부분은 저도 어느 정도 동의할 수 있습니다. 하지만 빅뱅 우주론의 핵심은 그렇게 우주가 만들어지고 최종적으로 태양계와 지구가 만들어졌다는 부분에 있다고 할 수 있습니다. 이것은 우주의 나이는 약 138억 년으로 추정하는 반면 태양의 나이는 46억 년 정도, 지구의 나이도 태양과 비슷한 정도로 추정하는 데서 알 수 있습니다. 이것은 언뜻 보면 제법 타당해 보이는 이론인 것처럼 여겨지기도 합니다.

하지만 하나님이 저에게 영감으로 알려준 창조의 순서는 이와 정반대입니다. 빅뱅과 비슷한 대폭발(빛의 창조)로 인해 지구가 먼저 탄생했고 다음으로 태양계—은하계—우주로 뻗어 나갔다고 여기는 것입니다. 이것은 성경의 창세기 1장의 창조 순서와도 일치합니다. 제가 영감으로 받은 이러한 창조의 순서는 과학계의 일반적 상식을 깨는 것이어서 받아들이기 힘든 사람들이 많을 것으로 예상됩니다. 하지만 저는 오랜 연구 끝에 오히려 이것이 더 과학적일 수도 있다는 결론에 이르렀습니다. 구체적 이론에 대해서는 뒷부분에 자세히 설명할 것입니다.

우주 창조의 순서를 빅뱅—물질 탄생—우주 탄생—태양계—지구로 보는 근거는 과학이 밝혀낸 우주의 연대 측정법에 의한 것입니다. 이때 사용되는 우주의 나이 계산법으로는 허블의 법칙, 즉 지구로부터 멀어져 가는 은하의 후퇴 속도를 이용하여 계산하는 방법, 우주에서 가장 오래된 별의 나이를 통해 추정하는 방법, 방사성 동위원소 반감기를 이용하여 계산하는 방법 등, 세 가지가 사용되고 있습니다. 그러나 이러한 것은 정확한 것이라기보다 대략 추정에 의한 방법이라 측정 방법에 따라 오차가 큰 상태입니다. 사실 '추정'이란 단어는 과학에서는 사용되지 말아야 하는 용어인데 우주라는 것이 워낙 광대하다 보니 어쩔 수 없이 허용되는 부분이라고 할 수 있습니다. 이것은 또한 변동 가능성이 있는 부분이라고도 이해할 수 있습니다.

이 중 가장 오차가 적은 계산법이 방사성 동위원소 반감기를 이용하여 계산하는 방법이라고 할 수 있는데 이마저도 (탄소 연대 측정의 경우) 5만 년 이상 되는 부분에 대해서는 측정하기 힘들거나 오차가 매우 큰 것으로 나타나고 있습니다. 따라서 현재 과학에서 사용하는 우주의 나이 측정법은 완전히 신뢰하기는 어려운 상태에 있습니다. 이런 상황에서는 이제 아직 불완전 단계의 과학 계산법을 의존하느냐 아니면 성경을 의존하느냐로 갈릴 수밖에 없습니다. 그런 뜻에서 제가 영감으로 받은 지구 중심으로 뻗어 나간 우주 창조론은 결코 무시할 수 없는 이론이라고 생각됩니다.

미시 세계에서 거시 세계의 답을 찾는 것이 더 현명!
- 지구 중심의 우주론

빅뱅 이론에 의하면 대폭발에 의해 생성된 원자로부터 우주가 확장되었다는 사실을 알아낼 수 있습니다. 즉, 미시 세계가 모여 거시 세계를 이루게 된 것입니다. 모든 물질 세계의 원리가 이런 식으로 구성된다는 사실을 알 수 있습니다. 예를 들어 의자 하나를 만들려고 해도 먼저 의자를 구성하고 있는 여러 재료들을 마련해야 의자를 만들 수 있는 것과 같은 원리입니다.

물질 세계의 창조 원리는 원자가 모여 물질이 만들어지듯, 작은 것들이 모여 큰 것이 만들어지는 방식으로 이루어집니다. 마찬가지로 우주역시 이런 원리로 만들어졌을 것은 쉽게 예상할 수 있습니다. 우주에서 지구가 차지하는 위치를 물질을 이루고 있는 원자에 대입할 수 있다면 이제 지구가 먼저 만들어지고 태양계에서 우주로 확장되어 우주가 만들어진 것을 예상할 수 있습니다. 이것은 성경의 기록과 일치하기 때문에 유효합니다. 이 과학적 원리에 대해서는 뒷부분에서 자세히 이야기하도록 하겠습니다.

제가 지구 중심의 우주론을 생각하게 된 것은 성경의 내용과도 부합할 뿐만 아니라 지구 중심의 우주론에 지구에 살고 있는 인간을 향한 놀라운 비밀이 숨어 있기 때문입니다. 즉, 하나님은 사람을 위해 지구를 창조했고 또 지구에 사람이 생명을 영위하며 살 수 있도록 해주기 위해 태양계와 우주를 창조했다는 사실입니다. 저는 이 책을 통하여 이러한 지구 중심설에 대해 하나하나 과학적 증명을 해나갈 것입니다.

4. 인간 영성의 비밀과 로봇과의 관계

성령으로부터 창조된 인간이 로봇을 창조함

오늘날 첨단 과학은 마치 판타지 세상 속에 사는 것 같은 느낌을 자아낼 정도로 발전을 거듭하고 있습니다. 언젠가부터 등장한 로봇은 첨단 과학을 상징하는 대표적 발명품이라 할 수 있을 것입니다.

식당에서 음식을 나르는 로봇처럼 이미 로봇은 단순 반복 작업에 이용되고 있으며 산업 현장에서 각종 로봇이 업무에 이용되고 있기도 합니다. 이렇듯 로봇은 인공 지능 기술의 발전으로 인하여 스스로 생각하고 행동하는 인공 지능 로봇이 개발될 정도로 발전하고 있습니다. 만약 로봇이 인간처럼 생각하고 행동할 수 있다면 이것은 인간을 닮은 제2의 인간이 탄생하는 것이라 볼 수도 있습니다.

인간이 자신을 닮은 로봇을 만드는 모습을 보며 태초에 하나님이 인간을 만드는 장면이 오버랩 되는 것은 왜일까요? 하나님도 자신의 형상대로 인간을 창조하셨기 때문입니다. 그런데 하나님은 왜 인간을 창조하려고 했을까요? 혹시 인간이 자신을 닮은 로봇을 만들어 내는 것과 관련이 있는 것은 아닐까요?

인간도 하나님처럼 현대 과학 기술로 인간의 형상을 닮은 인조인간을 만들려 하고 있습니다. 인간처럼 꿈, 생각, 믿음, 사랑, 말 등을 할 수 있는 인공 지능 로봇을 만들려고 연구 중에 있는 것입니다. 인간은 왜 이런 로봇을 만들려고 하는 것일까요? 처음의 동기는 단지 좀 더 편리한 생활을 하고자 시작했으나 이제는 점점 제2의 인간으로 향하고 있는 것입니다.

로봇이 인간을 배신하면 어떻게 될까?

만약 인공 지능 로봇이 만들어진다면 이것은 인간보다 지능뿐만 아니라 힘 면에서도 뛰어날 가능성이 높습니다. 그런데 이런 로봇이 만약 인간의 말을 안 들으면 어떻게 될까요? 물론 인간은 자신의 말에 따르도록 설계하여 로봇을 만들겠지만 예외는 얼마든지 생길 수 있는 법입니다. 만약 어떤 사람이 나쁜 의도로 악한 생각과 행동을 하는 로봇을 만들 수도 있는 것입니다. 이 경우 인간은 도리어 로봇의 공격을 받아 큰 피해를 볼 수도 있을 것입니다. 이런 상상을 담은 영화들이 속속 만들어지고 있는 것은 이에 대한 가능성이 있기 때문이라고 볼 수 있습니다.

저는 이 부분에서 자신의 형상대로 인간을 만든 하나님이 떠올랐습니다. 하나님 역시 어떤 목적에 의해 자신의 형상을 닮은 인간을 만들었는데 그만 인간이 하나님을 배신하고 만 것입니다. 이때 하나님의 마음이 어땠을까요? 그 하나님의 마음을 이해하기 위해서는 인간이 인조인간에

게 배신을 당해 봐야 비로소 느낄 수 있지 않을까 생각됩니다. 인조인간
이 인간을 배신하는 것은 곧 인간이 하나님과 성령을 배신하는 것과 비
슷한 현상으로 보이기 때문입니다.

질서가 깨지면 대혼돈이 온다!

4차원 성령의 뜻에 따라 만들어진 것이 3차원 인간이라고 했습니다.
그렇다면 성령과 인간의 관계는 주종 관계라고 할 수 있습니다. 좀 더
유화적 표현을 쓴다면 부자 관계라고 할 수 있겠지요. 즉, 성령과 인간
은 이 주종 관계의 질서, 부자 관계의 질서에 의해 움직여야 하는 특징
을 갖고 있는 것입니다. 그런데 인간이 성령을 배신하였다는 것은 이 질
서를 깨버렸다는 것과 같은 의미를 가진다고 볼 수 있습니다.

주종 관계나 부자 관계에서 종이나 자식에게 해당하는 존재는 주인이
나 부모의 뜻에 잘 따르는 것이 정상적 질서를 지키는 행동이라고 할 수
있습니다. 이럴 때 주인과 종 사이의 질서나 부모와 자식 사이의 질서는
잘 유지될 수 있습니다. 그런데 종이나 자식이 어떤 욕심에 의해 주인이
나 부모의 뜻에 따르지 않게 될 경우 질서는 깨지게 되며 더 이상 주종
관계나 부자 관계를 유지할 수가 없게 됩니다.

인간과 인조인간 로봇의 관계도 마찬가지일 것입니다. 인조인간 로봇
이 인간의 뜻을 잘 따를 때만이 세상의 질서는 깨지지 않고 잘 흘러갈
수 있게 됩니다. 하지만 인조인간 로봇이 인간을 배신하는 순간 세상의
질서는 깨지게 되며 대혼란이 오고야 마는 것입니다. 우리는 이러한 대

혼란이 어떻게 이루어지는지에 대해 이미 SF 소설이나 영화 등을 통해 간접적으로 체험할 수 있습니다.

우주에서 질서가 깨진다는 의미는 곧 대혼란이 오게 됨을 뜻합니다. 우주는 철저하게 질서에 의해 움직이는 특징을 가지고 있습니다. 태양은 우리 은하를 향해 한 치의 오차도 없이 공전하고 있으며 지구 역시 태양을 중심으로 한 치의 오차 없이 공전하고 있습니다. 태양계의 행성들 역시 태양을 중심으로 한 치의 오차 없이 공전하고 있으며 지구 자체로도 한 치의 오차 없이 자전을 하고 있습니다. 만약 이 정교한 질서에 조금이라도 문제가 생기면 그것은 곧 지구 멸망으로 이어질 수 있을 만큼 대단한 영향을 주게 됩니다. 예를 들어 지구 옆의 화성에 어떤 문제가 생겨 공전 궤도를 이탈할 경우 어떻게 될지 상상해 보십시오. 화성이 지구를 덮칠 뿐만 아니라 태양계 전체에 대혼돈을 일으킬 것은 쉽게 예상할 수 있지 않습니까.

질서를 깨트린다는 것은 이처럼 엄청난 혼돈과 고통을 안겨 준다는 것을 의미합니다. 당장 도로 위의 교통질서가 깨지면 교통사고라는 무서운 고통을 당하게 되지 않습니까. 우리는 이 질서의 과학적 개념을 통하여 오늘날 인간이 고통 속에서 벗어나지 못한 채 살아가는 이유를 발견할 수 있게 됩니다. 즉, 성령과 인간 사이의 질서를 깨트려 버렸기 때문에 오늘날까지 인간은 고통에서 빠져나오지 못한 채 살아가고 있는 것입니다.

성경에서 하나님께 순종해야 복 받고 행복하게 살아갈 수 있다고 말하는 이유가 바로 여기에 있습니다. 하나님께 순종하는 것이 곧 깨진 질서를 회복하는 일이기에 이런 말을 하는 것입니다. 질서를 회복하면 다시 평화롭게 살아갈 수 있게 되는 것은 당연한 일입니다. 그래서 하나님은 그토록 우리 인간들에게 회개하고 다시 하나님께로 돌아오라고 외치는 것입니다. 인간이 성령 안에 있어야 복을 받고 모든 것을 바르게 할 수 있는 이유가 여기에 있는 것입니다.

5. 비물질에서 물질이 창조되는 과학적 원리

물질 세계는 어떻게 만들어졌을까?

적어도 외형적으로 볼 때 우주는 물질로 이루어진 세계입니다. 그렇다면 이러한 물질 세계는 어떻게 만들어질 수 있었던 것일까요? 여기에서는 물질 세계의 창조 원리를 과학적으로 접근하는 시간을 가져 보고자 합니다.

물질에 대한 가장 위대한 과학적 발견은 역시 원자의 발견일 것입니다. 20세기 말 최고의 과학자로 불리는 미국의 이론물리학자 리처드 파인만은 "인류가 발견한 과학 중 하나만 남겨야 한다면 그것은 원자의 발견일 것이다"라고 말할 정도로 원자의 발견은 대단한 것입니다. 인류는 원자의 발견으로 인하여 비로소 모든 물질은 원자로 이루어져 있다는 사실을 알게 되었습니다.

물질 세계의 존재는 이 원자의 발견으로 설명할 수가 있게 되었습니다. 지구 상에 가장 많이 존재하는 물의 경우 수소 원자 2개와 산소 원자

1개의 조합(H2O)으로 만들어진 물질입니다. 우리가 숨을 내쉴 때 나오는 이산화탄소는 탄소 원자 1개와 산소 원자 2개(CO2)로 만들어진 물질입니다. 이제 흙이나 나무 등으로 넘어오면 훨씬 복잡한 원자들의 결합으로 물질이 만들어진다는 걸 알 수 있습니다. 이로써 우리는 물질 세계가 가장 작은 입자로부터 만들어진다는 사실을 알 수 있게 됩니다.

물질 세계의 꽃인 생명체는 어떻게 만들어졌을까?

우리의 관심은 자연히 물질 세계의 꽃이라 할 수 있는 생명체에게로 옮아가게 됩니다. 물질이 원자로부터 만들어졌다면 도대체 생명체는 어떻게 탄생할 수 있었을까요? 이것은 처음 원자를 발견하던 원리대로 접근하다 보면 쉽게 발견할 수 있게 됩니다. 즉, 물질을 쪼개고 또 쪼개었더니 원자가 있다는 사실을 발견한 것처럼 생명체의 최소 단위를 찾아가다 보면 생명체의 근원을 발견할 수 있다는 이야기입니다.

인류는 17세기 무렵에 이미 생명체의 최소 단위가 세포로 이루어져 있다는 사실을 발견하였습니다. 그런데 좀 더 발달한 현미경으로 세포 속을 들여다보았더니 세포핵이 있다는 사실이 발견되었습니다. 그리고 세포핵 속을 들여다보았더니 다시 염색체가 발견되었고 이 염색체는 유전자로 이루어져 있다는 사실이 발견되었습니다. 이로써 생명체의 최소 단위는 유전자임이 밝혀졌습니다.

물론 유전자 역시 원자의 조합으로 이루어져 있겠지만 생명체가 되기 위해서는 반드시 유전자가 있어야 합니다. 유전자로만 구성된 가장 작은 생명체가 바로 바이러스입니다. 바이러스보다 조금 큰 생명체인 박테리아는 유전자가 모여 이루어진 세포 하나로 이루어져 있습니다. 그래서 박테리아를 단세포 생물이라 부르기도 합니다. 이제 생명체를 이루는 세포의 수가 점점 많을수록 더 진화한 생명체가 되며 진화론에 따르면 진화의 최종 단계인 인간으로까지 발전하게 되었다고 볼 수 있습니다. 이와 같은 유전자를 통하여 우리는 인간에까지 이르는 생명체가 어떻게 만들어지게 된 것인지 알 수 있게 됩니다.

원자는 어떻게 생겨나게 되었을까?

그렇다면 원자는 도대체 어떻게 만들어질 수 있었던 것일까요? 원자의 근원을 살피기 위해서는 다시 원자 속이 어떻게 생겼는지 알아보아야 합니다. 여기에서 과학의 위대성이 나타나게 됩니다. 과학의 힘으로 이미 미시 입자의 속까지 알 수 있게 되었기 때문입니다.

원자를 연구한 영국의 물리학자 톰슨은 음극선 실험을 통하여 원자 내부에서 마이너스 전기를 띤 입자가 튀어나오는 것을 발견하였습니다. 이로써 원자 내부에 전자가 있다는 사실이 발견되었습니다.

그리고 톰슨의 제자였던 러더퍼드가 원자의 중심에 플러스 전기를 띤 입자가 있다는 사실을 밝혀냈습니다. 이로써 원자 내부에 원자핵이 있다는 사실이 밝혀졌습니다. 이로써 원자는 플러스(+) 전기를 띤 원자핵과 그 주변에 분포되어 있는 마이너스(-) 전기를 띤 전자로 이루어져 있다는 사실이 정립되었습니다.

원자에 대한 발견은 여기에서 그치지 않았습니다. 러더퍼드의 제자였던 채드윅이 원자핵에 플러스 전기를 띤 양성자 외에 전하를 띠지 않는 중성자가 있다는 사실을 발견해 낸 것입니다. 이로써 원자핵은 다음 그림과 같이 양성자와 중성자가 서로 뭉친 상태로 이루어져 있음이 밝혀졌습니다.

회색: 양성자, 검정색: 중성자

이러한 원자핵의 구조에서 잘 이해되지 않는 것이 어떻게 양성자와 중성자가 결합하여 핵을 구성하고 있는가 하는 부분이었습니다. 예를 들어 양성자끼리는 서로 밀어내는 힘이 강한데 어떻게 서로 결합된 상태로 있을 수 있는가 하는 점에 의문이 생긴 것입니다. 여기에 미국의 물리학자 겔만이 양성자와 중성자의 결합력을 연구하는 과정에서 '쿼크'라는 새로운 입자를 발견해 내게 됩니다.

지금까지 발견된 쿼크는 업 쿼크, 다운 쿼크, 참 쿼크, 스트레인지 쿼크, 톱 쿼크, 보텀 쿼크 등 6개입니다. 이 중 양성자는 2개의 업쿼크와 1개의 다운쿼크로 구성되어 있고, 중성자는 1개의 업쿼크와 2개의 다운쿼크로 구성되어 있습니다. 또한 양성자와 중성자를 묶어 주는 역할을 하는 메존이라는 중간자 입자가 발견되었는데 이러한 중간자는 2개의 쿼크로 이루어져 있다는 사실이 발견되었습니다. 그리고 양성자와 중성자, 메존을 이어 주는 글루온이라는 입자도 발견되었습니다. 즉, 원자핵의 양성자와 중성자가 결합된 상태로 있을 수 있는 까닭은 이러한 여러 입자들이 서로 영향을 주기 때문인 것으로 나타났습니다.

원자 내 구조의 발견은 여기에 그치지 않았습니다. 전자와 비슷한 중성미자, 뮤온, 타우 등과 같은 입자들도 발견되기에 이르렀습니다. 이로써 인류가 발견한 물질의 최소 단위는 원자가 아니라 더 작은 입자에 또 더 작은 입자가 계속하여 발견되고 있다는 사실을 알 수 있습니다. 과학자들은 지금까지 발견된 미시 기본 입자(더 이상 쪼갤 수 없는 입자)를 원자핵과 관련된 쿼크 6개, 전자와 관련된 렙톤 6개, 그리고 각 입자를 이어 주는 중간자 4개 등 총 16개로 정의하고 있습니다. 물론 이것은 현재까지의 발견을 기준으로 한 것입니다.

원자는 텅 빈 공간이다!

원자 내 구조의 발견에서 놀라운 점은 원자 내부가 텅 빈 공간으로 구성되어 있다는 사실입니다. 원자는 크게 보면 원자핵과 전자로 구성되어 있는데 이때 원자에서 원자핵의 크기는 매우 작다는 것이 밝혀졌습니다. 원자를 축구장에 비유했을 때 원자핵의 크기는 축구장에 있는 모래한 알 크기밖에 되지 않는다는 것입니다. 그렇다면 전자의 크기는 또 얼마나 작을까요? 전자의 크기는 원자핵보다 수천 배 더 작다고 하니 실제원자에서 원자핵과 전자가 차지하는 비율은 0.000001%도 되지 않는다고 할 수 있습니다. 이것은 원자의 99.99999%, 즉 대부분이 빈 공간으로 구성되어 있다는 것을 뜻합니다. 원자의 대부분이 빈 공간으로 구성되어 있다는 것은 곧 원자가 모여 만들어진 물질 역시 빈 공간으로 구성되어 있다는 것을 뜻합니다. 그런데도 왜 물질은 빈 공간으로 보이지 않고 일정한 형태를 띠고 있는 것일까요? 당장 물을 보면 빈 공간 하나 없이 꽉 차 있는 것처럼 보이잖아요.

이에 대해 과학자들은 양자역학에서 답을 찾으려 하고 있습니다. 즉, 미시 입자들의 경우 입자와 파동의 성질을 동시에 갖고 있다는 것이 양자역학인데 이러한 성질 때문에 원자 내 빈 공간이 차 있는 것처럼 보일 수 있다는 것입니다. 또 원자와 원자로 구성된 물질의 경우도 원자와 원자 사이에 생기는 전자기장의 파동적 성질 때문에 꽉 차 있는 것처럼 보일 수 있다는 것입니다. 하지만 이러한 설명은 일반인들이 이해하기 힘든 점이 있기에 앞으로 더 연구되어야 할 부분이기도 합니다. 20세기 말최고의 과학자로 불렸던 리처드 파인만 교수는 양자역학을 제대로 이해하는 사람은(모든 과학자를 포함) 단 한 명도 없다고 했을 정도로 양자역학은 이해하기 어려운 분야 중 하나이기도 합니다.

힉스 입자에 입자 탄생의 비밀이 숨어 있다!

지금까지 발견된 미시 기본 입자는 모두 전하와 질량을 가지는 것이 특징이라고 할 수 있습니다. 질량을 가진다는 것은 물질 입자의 특징을 증명하는 것이므로 더 이상의 부연 설명은 필요 없을 것입니다.

그런데 모든 미시 입자가 전하를 가지는 이유는 무엇일까요? 심지어 중성이라 알려졌던 중성자마저 중성자를 이루고 있는 쿼크에 전하가 숨어 있습니다.

모든 미시 입자가 전하를 띠는 까닭은 앞에서도 이야기했던 양자역학과 관련이 있다고 볼 수 있습니다. 이 전하가 있기에 전자기적 성질을 띨 수 있고 이 성질 때문에 입자와 입자가 서로 반응할 수 있는 힘이 생깁니다. 원자의 경우 그 자체로는 중성이지만 원자핵이나 전자는 전기적 성질을 띠고 있어 이러한 전기적 반응에 의해 원자와 원자가 결합하는 힘이 생기므로 물질을 만들어 내게 됩니다. 즉, 미시 입자가 전하를 띠고 있는 까닭은 물질을 만들어 내기 위한 기본 성질 때문이라고 할 수 있습니다.

그렇다면 이런 미시 입자는 도대체 어떤 힘에 의해 만들어지게 된 것일까요? 과학자들은 이와 같은 질량과 전하를 가진 미시 입자가 만들어지기 위해서는 질량을 부여하는 역할을 하는 입자가 있어야 한다는 사실을 발견하였습니다. 이것이 바로 신의 입자라고 불리는 힉스 입자입니다.

최근 힉스 입자의 존재가 증명되면서 과학자들은 원자를 이루고 있는 기본 입자 16개에 힉스 입자를 더하여 미시 기본 입자를 17개로 정의하기에 이르렀습니다. 그렇다면 도대체 이 힉스 입자의 정체는 무엇일까요?

힉스 입자는 1964년 영국 에딘버러 대학교의 피터 힉스 교수가 모든 기본 입자에게 질량을 부여하는 입자가 존재한다고 제안하면서 등장한 입자입니다. 문제는 이러한 힉스 입자가 질량을 부여한 후 곧바로 사라지면서 생기게 되었습니다. 분명히 존재해야 하나 그 존재가 사라져 버려 도대체 알 수 없게 된 입자가 바로 힉스 입자였던 것입니다. 힉스 입자에 신의 입자라는 별명이 붙게 된 것은 바로 이 이유 때문이었습니다. 다행히 50여 년이 지난 2012년 힉스 입자는 입자 가속기에 의해 발견되기에 이릅니다.

비물질 에너지에서 물질이 탄생하는 원리

그렇다면 힉스 입자는 자신은 질량을 가지지 않으면서 어떻게 다른 입자에게 질량을 줄 수 있을까요? 그것은 양자역학으로만 설명이 가능할 것입니다. 힉스 입자는 사실 입자이면서 동시에 힉스장이라고 할 수 있기 때문입니다. 여기에서 '장'이라는 것은 전자기가 흐르는 바탕이라고 할 수 있습니다. 그래서 전기가 흐르는 바탕을 전기장, 자기가 흐르는 바탕을 자기장이라고 합니다. 그런 점에서 힉스장은 질량이 흐르는 바탕이라고 할 수 있습니다. 힉스 입자가 다른 입자에게 질량을 줄 수 있는 이유는 힉스 입자가 질량이 흐르는 바탕으로 작동하기 때문입니다. 즉, 어떤 입자가 힉스장을 지나게 될 때 무거움을 느끼면 큰 질량을 갖게 되고 가벼움을 느끼면 작은 질량을 갖게 되는 식입니다.

이러한 힉스 입자가 장과 관련이 있다는 것은 파동적 성질을 가진다는 것을 뜻한다고 볼 수 있고 파동은 곧 에너지를 뜻하기도 합니다. 이로써 우리는 어떻게 아무것도 없는 상태에서 기본 입자가 탄생할 수 있었는지 힌트를 얻을 수 있게 됩니다.

이미 아인슈타인은 상대성 이론에서 에너지가 질량으로 바뀔 수 있음을 제시했는데 이것은 그의 에너지-질량 공식에 잘 나타나 있습니다. 즉, $E=mc^2$의 공식에서 E는 에너지를 뜻하고 m은 질량을 뜻합니다. 이 아인슈타인의 공식, $E=mc^2$은 에너지(E)가 어떤 극한의 속도를 일으키는 상태에서 질량(m)을 가진 입자로 바뀔 수 있다는 것을 나타냅니다.

아무것도 없는 상태에서 최초의 기본 입자는 이러한 에너지로부터 생겼을 것으로 추정됩니다. 이것은 빅뱅의 에너지에서 입자가 생겼다는 과학 이론과도 일치합니다. 만약 이런 원리로 생성된 최초의 기본 입자가 힉스 입자라면 이제 나머지 입자의 생성도 설명할 수 있게 됩니다. 이 힉스 입자로부터 질량을 가진 입자가 생겨났을 것이고 이러한 작용이 연쇄적으로 일어나면서 최초의 원자인 수소 원자가 완성되었을 것을 예상할 수 있습니다. 그리고 수소 원자의 핵융합으로 헬륨 원자가 만들어지고 또 다른 종류의 원자가 만들어지면서 오늘날 알려진 100여 개에 달하는 원소가 생성되었을 것으로 추정할 수 있습니다(원소는 각각 다른 종류의 원자를 뜻함). 그리고 각각의 원자가 결합하여 물질을 이루는 분자를 만들고 이 물질들이 모여 지구를 이루었을 것으로 추정할 수 있습니다. 이렇게 하여 오늘날 물질 세계가 창조된 원리를 과학적 추론으로 설명할 수 있게 되는 것입니다.

6. 기가 막힌 하나님의 물질 세계 운영

하나님이 세상에 과학을 던져준 이유

과학계에서 진화론은 보편적으로 받아들여지는 이론이지만 기독교계에서는 진화론이 성경의 내용과 맞지 않다는 이유로 대립하고 있는 상황입니다. 심지어 기독교인 과학자들 중에서는 진화론의 허구성을 과학적으로 증명하기 위해 창조과학회라는 곳을 만들어 활동하고 있기도 합니다. 이렇게 하여 은연중에 형성된 것이 창조론이라 할 수 있습니다. 창조론의 핵심은 결국 성경의 기록대로 물질 세계는 진화의 과정 없이 하나님의 말씀에 의해 각각의 존재들이 만들어졌다는 것이고 현재까지 우주의 나이 역시 성경의 기록대로 6천 년에 불과하다는 것이 그들의 주장입니다.

하지만 창조과학자들의 주장을 뒤집는 과학적 사실들이 속속 발견되고 있는 상황에서 창조론은 설 자리를 잃고 위태해 보이는 상황에 놓여 있습니다. 창조론이 지지를 받지 못하는 가장 큰 이유는 어떻게 진화 없이 각각의 종이 무에서 유로 만들어질 수 있었는지, 또 왜 우주의 나이가 6천여 년인지 제대로 과학적 설명을 해내지 못하고 있기 때문이라고 할 수 있습니다. 만약 창조과학자들이 수용적 자세를 가지고 과학의 내용을 창조에 접목하였다면 이야기가 달라질 수도 있지 않았을까, 그리 생각되어 안타까운 상황입니다.

인간은 불완전한 존재이기에 어떤 것도 완전한 것은 없다고 생각됩니다. 따라서 진화론도 창조론도 각각의 부족함이 있을 것입니다. 그러므로 과학이 발달할수록 부족한 부분이 채워지는 방향으로 나아가야 할 것입니다. 진화론과 창조론 역시 과학이 발달할수록 새로운 해석이 더해져야 할 것입니다.

현대 사회를 지배하고 있는 과학을 절대 무시해서는 안 됩니다. 과학이야말로 하나님이 인류에게 창조의 비밀을 밝혀 주기 위해 보내 준 최고의 선물이기 때문입니다. 지금은 모든 물질의 비밀이 과학에 의해 하나하나 밝혀지고 있는 세상입니다. 지구 상에 존재하는 물질 중 우연히 생겨난 것은 단 하나도 없는 법입니다.

인간이 쓸 것을 예비하기 위해 과학을 주신 하나님

창세기의 창조 과정을 보고 있노라면 하나님이 창세부터 인간이 쓸 것을 지구 곳곳에 예비하셨다는 생각이 듭니다. 하늘이 그렇고 땅이 그렇고 바다가 그렇습니다. 그리고 땅 위에 창조된 모든 자연과 생물들조차 인간이 쓸 것을 예비하기 위해 하나님이 만들어 놓은 장치란 생각이 듭니다.

인류는 지금까지 이런 하나님의 창조물을 이용하여 삶을 영위해 왔습니다. 그런 가운데 19~20세기에 융성한 과학은 이러한 하나님의 창조물을 분석하고 융합하여 더욱 풍요롭고 편리한 삶으로 살 수 있게 해주는 기술로 발전하게 되었습니다. 세상에 우연히 등장하는 것은 하나도 없다고 했듯 이러한 과학도 우연히 등장한 것은 절대 아니라 생각됩니다. 바로 하나님이 인류에게 더욱 풍성한 삶을 제공하기 위해 과학이라는 도구를 던져 준 것이란 이야기입니다.

인류의 삶을 획기적으로 바꾼 발명품 가운데 하나로 내연 기관을 들 수 있습니다. 내연 기관의 발명은 자동차, 비행기, 선박, 산업의 급진적 발전을 부추겼기 때문에 과학 문명 기술을 한 차원 높이는 계기를 만들었다고 할 수 있습니다. 이와 같은 과학 문명 기술이 발달하면서 파생되는 많은 첨단 기술들이 생겨났고 그로 인하여 과거에 꿈꿔 왔던 것들이 현실로 나타나기 시작했습니다.

엔진은 연료를 바탕으로 작동되므로 만약 충분히 쓸 수 있는 연료가 없다면 무용지물이 되고 말 것입니다. 그런데 놀랍게도 지구에는 엄청난 양의 석유와 석탄 등이 세계 곳곳에 매장되어 있습니다. 엔진을 작동하는 데 필요한 많은 원유가 땅속에 묻혀 있다는 것이 과연 우연의 일치일까요? 최초의 가솔린 엔진을 발명한 에티엔 루느아르는 지구에 이처럼 많은 원유가 있다는 사실을 알고 엔진을 발명했을까요? 아마도 그는 땅속에 인류가 충분히 쓸 석유가 있다는 사실을 모른 채 엔진을 발명했을 가능성이 큽니다. 그가 가솔린 엔진을 발명할 당시 지금과 같은 석유의 매장량이 밝혀지지 않았기 때문입니다.

땅속에 석유를 만든 존재는 과연 누구일까요? 저는 그것이 하나님이라고 감히 말씀드릴 수 있습니다. 성경에는 하나님께서 인간이 쓸 것을 미리 예비신 것에 대한 많은 기록이 있기 때문입니다. 다음 성경의 고린도전서 2장의 내용을 살펴보기 바랍니다.

우리가 온전한 자들 중에서는 지혜를 말하노니 이는 이 세상의 지혜가 아니요 또 이 세상에서 없어질 통치자의 지혜도 아니요

오직 은밀한 가운데 있는 하나님의 지혜를 말하는 것으로서 곧 감추어졌던 것인데 하나님이 우리의 영광을 위하여 만세 전에 미리 정하신 것이라(고린도전서 2:6~7)

기록된바 하나님이 자기를 사랑하는 자들을 위하여 예비하신 모든 것은 눈으로 보지 못하고 귀로 듣지 못하고 사람의 마음을 생각하지도 못하였다 함과 같으니라 (고린도전서 2:9)

그리고 빌립보서 4장 19절에도 "나의 하나님이 그리스도 예수 안에서 영광 가운데 그 풍성한 대로 너희 모든 쓸 것을 채우시리라"라고 기록되어 있습니다.

하나님은 석유뿐만 아니라 지구 곳곳에 인간이 쓸 것을 예비해 놓았습니다. 우리가 건물을 지을 때 필요한 건축 골재로 쓰이는 철은 물론이고 석탄과 온갖 금속 물질이 지하에 매장되어 있는 것이 그것입니다. 이러한 지구의 모습은 그냥 우연히 자연적으로 생성된 것이 아니라 철저한 하나님의 계획 속에서 창조되었던 것입니다. 그 창조의 목적은 오직 인간을 향해 있음을 우리는 똑바로 알아야 할 것입니다.

첨단 과학 역시 하나님이 예비하신 것

인간을 위한 하나님의 예비하심에 대한 생각은 끝이 없습니다. 하나님이 인류를 위해 예비하신 것은 단지 내연 기관과 석유에 관한 것뿐만이 아닙니다. 이후에 발명된 컴퓨터와 인터넷, 스마트폰은 또 어떨까요? 최근에 등장하고 있는 챗GPT(대화형 인공 지능)는 또 어떨까요? 저는 이 모든 첨단 과학의 산물 역시 하나님이 이미 태초부터 계획하고 예비하신 것들이라 생각하고 있습니다.

컴퓨터의 발명은 인류에게 제2의 산업 혁명을 던져 줄 정도로 획기적인 발전을 이루게 해주었습니다. 우리 생활에 쓰이는 거의 모든 것이 컴퓨터에 의해 작동되므로 생활에 편리함을 가져다주게 되었습니다. 그런데 이러한 컴퓨터를 만드는 데 꼭 필요한 것이 바로 반도체요, 반도체의 원료로 사용되는 것이 실리콘입니다. 그래서 미국 서부의 반도체 산업이 집약된 곳을 실리콘밸리라 부르는 이유입니다. 이러한 실리콘은 어디에 있을까요? 바로 모래에 많이 들어 있습니다. 우리는 모래가 건축 재료 정도에나 쓰이는 것이라 생각하고 있었지만 하나님은 이미 컴퓨터의 발명을 예상하고 모래 속에 실리콘을 준비해 두고 있었던 것입니다.

컴퓨터의 핵심은 인간의 두뇌를 대신하여 계산해 주고 작업을 처리해 주는 데 있다고 할 수 있습니다. 인간은 이러한 컴퓨터를 발명하기 위해 그동안의 모든 지식을 동원하여야 했습니다. 만약 과학과 산업 혁명 기술이 탄생하기 전 인류의 지식 정도라면 절대 컴퓨터를 개발해 낼 수 없었을 것입니다. 결국 하나님은 인간이 컴퓨터를 발명할 수 있도록 과학과 기술이라는 도구를 던져 주고 인간의 지식이 획기적으로 높아지도록 허락하셨던 것입니다. 그 결과 인류는 첨단 문명의 최고 산물이라 할 수 있는 컴퓨터를 발명해 내기에 이르렀던 것입니다.

인터넷의 발명에도 놀라운 하나님이 뜻이 숨어 있음을 발견해 내게 됩니다. 인터넷 기술의 핵심은 결국 세계를 하나의 네트워크로 묶어 주는 데 있다고 할 수 있습니다. 덕분에 우리는 지구 반대편의 사람과 마치 곁에 있는 것처럼 소통할 수 있습니다. 인터넷 이전에 교통, 통신 기술의 발달로 이미 세계는 지구촌이라는 말로 가까워져 있었습니다. 여기에 인터넷 기술이 더해지면서 그야말로 전 세계가 실시간 소통되는 역사가 이루어지게 된 것입니다. 우리는 왜 이런 세상이 열렸는지 잘 깨닫지 못하고 있지만 여기에도 놀라운 하나님의 뜻이 숨어 있습니다. 바로 온 인류가 하나(하나님)에서 출발하였다는 것과 싸우며 지내야 하는 적이 아니라 서로 사랑하며 지내야 하는 가족이라는 사실을 깨우치기 위해서입니다. 다음 성경의 에베소서 1장 8~10절 말씀을 주목해 보세요.

이는 그가 모든 지혜와 총명을 우리에게 넘치게 하사 그 뜻의 비밀을 우리에게

알리신 것이요 그의 기뻐하심을 따라 그리스도 안에서 때가 찬 경륜을 위하여 예정하신 것이니 하늘에 있는 것이나 땅에 있는 것이 다 그리스도 안에서 통일되게 하려 하심이라(에베소서 1:8~10)

저는 이 말씀 안에 왜 하나님이 인류에게 컴퓨터와 인터넷의 발명을 이루게 하셨는지 그 이유가 다 들어 있다고 생각합니다. 결국 하나님은 인류를 그리스도 안에서 통일(하나)하기 위해 컴퓨터와 인터넷의 발명을 허락하셨던 것입니다. 지금은 인류가 이것을 깨닫지 못하고 있지만 하나님은 결국 이 방향으로 인류를 이끌기 위해 인터넷이라는 도구까지 예비하시고 던져 주신 것입니다.

스마트폰 역시 이런 관점에서 이해할 수 있습니다. 이전의 컴퓨터는 데스크톱 앞에서만 사용해야 하는 불편함이 있었습니다. 하지만 스마트폰의 발명으로 이제 인류는 언제 어디서나 컴퓨터와 인터넷을 사용할 수 있게 된 것입니다. 그런 점에서 스마트폰이야말로 하나님이 예비하시고 인류에게 선물로 주신 최고의 선물이라 하지 않을 수 없습니다. 따라서 우리는 스마트폰을 그저 즐기고 내 욕심을 채우는 데만 사용하지 말고 거룩한 하나님의 뜻을 이루기 위해 사용해야 할 것입니다.

7. 과학적 차원 세계의 이해

4차 산업 혁명에 붙는 4자가 의미하는 것

많은 과학자들과 지식인들이 4차 산업 혁명을 이야기하고 있습니다. 우리는 산업 혁명에 대해서는 학교에서 이미 배운 바가 있어 알고 있지만 4차 산업 혁명에 대해서는 잘 모르는 것이 사실입니다. 왜 4차 산업 혁명에는 '4'라는 숫자가 붙을까요? 학자들은 증기 기관의 발명을 1차 산업 혁명, 석유 내연 기관의 발명을 2차 산업 혁명, 컴퓨터의 발명을 3차 산업 혁명이라 구분하여 부르고 있었습니다. 이런 가운데 인류는 놀라운 첨단 과학 문명을 이루어 내기에 이르렀습니다. 이러한 첨단 과학 기술은 더욱 발전하여 전혀 새로운 시대를 앞두고 있는데 바로 이것을 4차 산업 혁명이라 부릅니다.

4차 산업 혁명을 이루어 낼 핵심 기술로는 사물 인터넷, 빅 데이터, 인공 지능, 3D 프린트, 블록체인 암호화폐 등 여러 가지가 이야기되고 있습니다. 그렇다면 4차 산업 혁명이 이루어 낼 전혀 새로운 세계는 어떤 세상을 뜻하는 것일까요? 그것은 최근 화두가 되고 있는 메타버스에 잘 나타나 있다고 할 수 있습니다. 메타버스에 대해서는 책의 서두 부분에서 이미 이야기한 바 있습니다. 한마디로 가상과 현실이 결합된 세계를 메타버스라고 합니다. 즉, 4차 산업 혁명이 이루어 낼 전혀 새로운 세계는 현실 세계에서도 우리가 인터넷의 가상 공간에서 경험했던 것들이 이루어지는 세계를 뜻한다고 할 수 있습니다.

현재는 시간과 공간에 얽매인 생활을 하고 있으나 메타버스 세계가 이루어지면 시간과 공간을 초월한 세계가 펼쳐질 수도 있습니다. 현실 세계에서 인간은 시간과 공간에 의한 제약 때문에 불편함을 겪을 때가 많은데 이러한 시간과 공간의 제약에서 자유로워지는 세계가 올 수 있다는 뜻입니다.

예를 들어 현실 세계에서 물이 포도주로 바뀌는 일은 절대 일어날 수 없는데 그 이유는 공간적 제약 때문입니다. 하지만 메타버스에서는 물질의 공간 이동이 얼마든지 가능하기 때문에 물이 포도주로 바뀌는 일도 쉽게 일어날 수 있습니다. 또 현실 세계에서는 공간적 제약 때문에 빵 1개를 가지고 여러 개를 만들 수 없는데 메타버스에서는 공간적 제약이 없어지므로 얼마든지 복사가 가능하여 성경의 오병이어도 가능하게 되는 것입니다.

현실의 공간적 사고에 사로잡혀 있는 사람들은 이런 현상을 이해하기 힘들 것입니다. 하지만 우리가 컴퓨터의 가상 공간에서 얼마든지 복사가 가능한 것을 생각하면 조금 이해가 쉬울 수 있습니다. 가상 공간은 공간적 제약이 없기 때문에 이런 일이 가능한 것입니다. 그런 점에서 4차 산업 혁명 시대가 완성되면 성경의 기적들이 과학적으로 증명될 날도 올 것이라 생각하고 있습니다.

만약 4차 산업 혁명 시대에 이와 같은 새로운 세계가 펼쳐진다면 그것은 지금의 3차원 세계보다 한 단계 차원이 높아진 세계를 산다고 할 수 있을 것입니다. 그런 점에서 4차 산업 혁명이란 명칭 앞에 붙는 '4'자의 의미가 차원의 의미로 해석되는 것은 저만의 상상인지도 모르겠습니다.

4차원 세계의 역학적 이해

우리가 사는 현실을 3차원 세상이라고 말합니다. 대개 수학적으로 점이 0차원이고 선이 1차원이며, 2차원은 선들이 모여서 이룬 평면을 뜻합니다. 3차원은 평면이 모여서 입체 모양을 의미합니다. 우리 눈으로 확인하고 만지고 색채적으로 보이는 현실이 3차원의 세상인 것입니다.

그런데 이러한 차원에는 역학(曆學)적 속성이 있습니다. 즉, 1차원은 2차원에 속하며, 2차원은 3차원에 속하는 속성이 있는 것입니다. 이런 가운데 인류는 3차원의 세계에 살고 있기에 점과 선과 면을 지배하며 살아갈 수 있습니다. 그런데 만약 3차원보다 높은 4차원이 있다면 어떻게 될까요?

낮은 차원은 높은 차원에 속하는 힘의 성질이 있다고 했으므로 4차원의 세계가 있다면 인간은 4차원의 지배를 받으며 살아가고 있다고 할 수 있습니다. 놀랍게도 인간은 3차원의 구조에 속하여 살고 있지만 4차원의 영성을 지니고 있습니다. 4차원의 영성이란 사랑, 꿈, 생각, 말, 믿음

등의 요소를 말하는데 실제 인간은 이러한 4차원적 요소들에 의해 지배 당하며 살아가고 있음을 알 수 있습니다.

인류의 발전은 아날로그 시대를 지나서 4차 산업 혁명 시대를 향하여 급속히 나아가고 있습니다. 4차 산업 혁명 시대에 가까워질수록 시간과 공간을 초월한 세상이 펼쳐지는 듯합니다. 지구 반대편에 있는 사람과 실시간으로 소통하고 영상 통화도 가능해졌으니 말입니다. 만약 이러한 속도로 인류의 과학 기술 문명이 발전을 거듭해 나간다면 곧 3차원의 땅에 4차원의 세계가 구현될지도 모르겠습니다. 만약 4차원의 세계가 하나님의 영적 세계와 연결되어 있다면 이것은 곧 하나님의 세계와 더 가까워지게 된다는 것을 뜻한다고 볼 수도 있을 것입니다.

하지만 이것은 인간이 4차원의 하나님 뜻에 따라 바른 미래를 설계했을 때 일어날 수 있는 일입니다. 인간은 불완전한 존재이므로 여전히 불완전한 세계 속에 살아가고 있는 것이 현실입니다. 현재 개발되고 있는 과학 기술들이 편리한 세상을 가져다주는 것은 증명되었지만 과연 안전한 세상을 가져다줄지, 불안전한 세상을 가져다줄지는 아무도 예측하지 못하고 있는 상태입니다. 아무리 편리한 세상이 오더라도 안전이 보장되지 않는다면 그것은 모래 위에 성을 쌓는 것과 다를 바 없을 것입니다.

따라서 현재 요구되는 것은 4차원의 하나님 뜻에 의거한 정확한 과학 지식입니다. 당장 눈앞의 편리만을 생각하는 과학 기술은 미래의 안전을 보장할 수 없습니다. 미래의 안전까지 고려한 과학 기술이야말로 하나님의 뜻에 의거한 정확한 과학 지식이라고 할 수 있습니다. 앞으로는 이러한 과학 지식을 가진 사람이 지배하는 세상이 올 것입니다. 반대로 눈앞의 편리에 급급한 과학 지식을 추구하는 자들은 멸망하고 말 것입니다. 이것이 하나님의 원대하신 뜻이기 때문입니다.

4차원의 뜻이 구현되고 있는 것이 3차원 세계

미래를 예언하는 미국의 한 사상가는 인류의 80%가 과학 기술이 급속히 변화하는 세상에 적응하지 못하고 도태될 것이라고 말했습니다. 이것은 곧 미래에는 빠른 변화를 수용하지 못하고 변화를 거부하거나 두려워하는 사람보다 적극적으로 새로운 기술에 적응하고 배우려 하는 사람이 이 세상을 이끌어 가게 될 것을 예견한 것이라 할 수 있습니다.

첨단 과학이 발달할수록 우리는 그것이 인간의 힘으로 이루어 낸 것이 아니라 4차원의 원대한 하나님 뜻 안에서 이루어지고 있음을 깨달아야 할 것입니다. 인간이 창조하고 있는 것은 하나님과 같은 새로운 창조가 아니라 이미 태초부터 하나님이 이 땅에 예비한 것을 발견하고 그 물질을 응용하여 만들어 내는 창조입니다. 그런 점에서 하나님 외에 어떤 인간도 새로운 것을 창조할 수는 없다는 사실을 깨달아야 합니다. 과학의 발전은 하나님의 은혜요, 선물입니다. 과학이 발달할수록 천지를 창조하신 하나님께 감사하며 성경 말씀을 신뢰하고 믿어야 할 것입니다.

우리는 기도할 때마다. "천지를 창조하신 하나님 아버지"라고 먼저 읊조립니다. 이제는 천지를 창조하신 하나님이 어떻게 천지를 창조하였는지 과학적으로 풀어내야 할 때라고 생각합니다. 창세기 1장에 기록된 천지 창조를 단지 신화적 내용으로 치부할 것이 아니라 과학적으로 해석하기 위해 노력해야 할 것입니다. 그렇지 못하면 과학이 발전될수록 미래는 신앙생활에서 멀어질 것이 자명하게 보이기 때문입니다.

3차원의 세계는 4차원 세계의 지배를 받을 수밖에 없기 때문에 현재의 3차원 세계에는 4차원 세계의 뜻이 구현되고 있음을 알아야 합니다. 이것은 예수님이 가르쳐주신 주기도문에 잘 나타나 있습니다. 주기도문 중에 "뜻이 하늘에서 이룬 것 같이 땅에서도 이루어지이다"라는 구절이 있습니다. 여기에서 하늘은 4차원(또는 4차원 이상)을 뜻하며 땅은 3차원을 뜻한다고 볼 수 있습니다. 이를 기준으로 다시 풀어 보면 4차원(또는 4차원 이상)에서 이루어진 뜻이 3차원에서도 이루어질 것이다, 라고 해석할 수 있습니다. 예수님은 이미 2천 년 전에 차원 세계의 비밀을 알고 이 말씀을 하셨던 것입니다. 그것은 예수님이 진정 하나님의 아들이었기에 가능한 일이라 생각할 수 있습니다.

하나님은 이와 같은 차원 세계의 역학을 생각하고 4차원 세계의 원리에 의해 3차원 세계를 창조하였던 것입니다. 4차원 세계의 하늘은 곧 인류가 꿈꾸는 천국을 상징하는 세계입니다. 그런 점에서 4차원에서 이루어진 뜻이 3차원에서도 이루어진다는 의미는 우리가 발을 딛고 있는 이 지구에 4차원의 천국이 건설될 것이라는 점을 암시합니다. 하나님은 이러한 천국 건설 계획을 인간을 통해 이루고자 하신 것입니다. 물론 이러한 하나님의 계획은 인간이 하나님께 온전히 순종할 때 비로소 이루어질 것입니다.

그런 점에서 당신이 만약 천국을 꿈꾸고 있다면 제일 먼저 해야 할 일은 하나님께 순종하는 것이라 할 수 있습니다. 우리가 하나님께 순종할 때 하나님은 더욱 진보된 과학 기술을 인간에게 던져 줄 것이요, 인간은 그 과학 기술을 통하여 이 땅에 천국을 건설할 수 있을 것이기 때문입니다.

8. 미시 입자의 본질은 곧 천국의 물질

천국은 가장 작은 것으로부터 비롯됨 – 겨자씨 비유

오늘날 교회에 다니는 많은 사람들이 천국을 꿈꿉니다. '예수를 잘 믿고 죽으면 천국 간다'라는 사상이 어느새 마음에 자리 잡고 있습니다. 하지만 예수님은 천국 비유를 통하여 이 땅에 이루어질 천국에 대해 계속 이야기하고 있음을 깨달아야 합니다.

천국에 가고자 한다면 먼저 천국이 어떤 곳인지 아는 것도 매우 중요할 것입니다. 천국이 좋은 곳이라 해서 갔는데 내 마음에 안 든다면 낭패를 볼 수도 있기 때문입니다.

예수님의 한 제자가 천국이 어떤 모습인지에 대해 물었습니다. 그러자 예수님은 천국이 지상에서 가장 작은 겨자씨 한 알과 같다는 비유로 대답해 주셨습니다.

천국은 마치 사람이 자기 밭에 갖다 심은 겨자씨 한 알 같으니 이는 모든 씨보다 작은 것이로되 자란 후에는 풀보다 커서 나무가 되매 공중의 새들이 와서 그

가지에 깃들이느니라(마태복음 13:31~33)

　예수님은 왜 천국을 겨자씨 한 알과 같다고 말씀하셨을까요? 이 비유의 말씀은 천국의 비밀을 깨닫는 매우 중요한 단서가 될 수 있다고 생각합니다. 이 세상 또한 가장 작은 원자에서 시작하였기 때문입니다.

　겨자씨는 갈릴리 지방에서 많이 자생하는 십자화과 식물의 씨입니다. 겨자씨는 눈에 보이지 않을 만큼 작아서 지극히 작은 것의 대명사로 언급되나 성장하면 키가 4~5m나 자라는 식물입니다. 이것은 마치 아주 작은 원자들이 모여 커다란 물질 세상을 이루는 것과 비슷한 현상입니다. 그런 점에서 천국 역시 눈에 보이지 않는 미시적 물질이 점진적으로 그 영역을 넓혀 가는 어떤 것이라 예측할 수 있습니다. 영역을 넓혀 가는 것만으로는 천국이라 할 수 없고 미시적 입자로 인하여 만들어진 물질이 다른 생물에게 도움을 주게 될 때("나무가 되매 공중의 새들이 와서 그 가지에 깃들이느니라" 처럼) 그것이 천국이라고 이야기할 수 있는 것입니다.

　이 세상은 인간의 눈에 보이지 않는 미시적 입자로 가득 채워져 있습니다. 지상의 공기는 질소 70%, 산소 20%, 기타 아르곤, 헬륨, 이산화탄소로 이루어진 혼합물로 되어 있습니다. 이 중 산소 하나를 보면 현미경으로도 보이지 않을 만큼 작은 산소 분자들이 모여 산소 기체를 이루고 있음을 알 수 있습니다. 겨자씨 하나가 거대한 겨자나무를 만들 듯, 산소 분자가 모여 거대한 지구의 대기층을 형성하고 있는 것입니다. 그런데 이 산소가 없으면 인간은 물론 동물과 식물이 살아갈 수가 없게 됩니다. 인간은 3분 동안만 산소를 마시지 않으면 뇌세포가 죽어 가고 심장이 멈추게 됩니다. 놀랍게도 하나님은 이런 인간의 필요를 알고 대기 중에 산소를 심어 놓으신 것입니다. 예수님은 이 산소와 같은 존재가 곧 천국의 모습이라고 제자에게 비유로 알려 주신 것입니다. 이러한 산소의 시작은 아주 작은 산소 원자에서 출발하는 것이라는 사실을 깨우쳐 주기 위해 겨자씨 비유를 말씀하신 것이고요.

마찬가지로 가장 작은 입자로부터 3차원 세계 형성

그런 점에서 겨자씨는 현대 과학으로 발견된 원자에 비유할 수 있다고 생각됩니다. 사실 당시 예수님은 원자의 존재에 대해 이미 알고 있었지만 아직 과학으로 발견된 상태가 아니었기에 겨자씨를 비유로 설명했다고도 볼 수 있습니다. 따져 보면 겨자나무 역시 원자로 이루어진 것이라 할 수 있습니다. 원자가 모여 유전자가 만들어지고 유전자가 모여 세포를 만들고 겨자씨까지 만들어지며 이 겨자씨가 세포 증식을 일으켜 겨자나무로 자라게 된 것입니다.

여기에서 우리는 하나님의 창조 방법에 대해 추정해 낼 수 있습니다. 하나님은 만물을 창조하기 위해 각각의 물질에 해당하는 원소를 정하고 그에 맞는 원자를 결집하여 해당 물질을 창조해 내십니다. 그리고 유전자와 세포를 만들어 내기 위한 원소와 원자를 결집하여 유기체를 만들어 내고 생명체를 창조해 내었을 것입니다. 오늘날 교회를 다니는 사람들이 생각하는 것처럼 "나무가 만들어져라" 하니 마치 마법처럼 나무가 뚝딱 하고 생긴 것이 아니란 이야기입니다.

창세기 1장에는 이러한 천지 창조의 순서와 내용이 모두 기록되어 있습니다. 이러한 모든 창조의 과정이 입자에서부터 시작되었다고 봐야 한다는 것입니다. 그리고 이 창조 원리는 20세기가 되어서야 그 비밀이 밝혀지게 되었습니다. 그럼에도 불구하고 많은 교인들은 아직 이것을 깨닫지 못하고 있는 것이 현실입니다. 창조를 그저 신비적 현상으로만 믿고 있는 상태이다 보니 그 믿음이 탄탄할 수가 없습니다.

예수님은 이미 2천 년 전 이러한 비밀을 알고 이 사실을 알려 주기 위해 겨자씨 비유를 말씀해 주셨던 것입니다. 이러한 겨자씨는 오늘날 원자로 유추되는 물질이라 할 수 있습니다. 이 원자는 오늘날 첨단 과학을 여는 양자역학에 활용될 뿐만 아니라 디지털 세상을 이끌어 인류에게 행복을 가져다주는 물질로 활용되고 있습니다.

입자는 천국의 물질이라고 볼 수 있다!

겨자씨가 천국의 물질이라면 입자 역시 천국의 물질이라고 볼 수 있다고 생각됩니다. 왜냐하면 입자가 모여서 이루어진 물질들이 지구의 모든 생물들에게 혜택을 주고 있기 때문입니다. 입자들이 모여 이룬 물질들이 아름다운 산과 강과 바다 등 자연을 만들고 있습니다. 이 아름다운 자연은 생명이 살아가는 데 결정적 역할을 하고 있습니다. 인간 역시 자연이 없다면 결코 이 땅에서 살아갈 수 없을 것입니다. 그런 점에서 입자는 천국의 물질이라고 볼 수 있습니다.

입자가 천국의 물질이라면 4차원 천국에도 입자가 존재해야 할 것입니다. 4차원 세계는 앞에서 이야기한 차원 세계의 역학 법칙에 의해 1~3차원을 모두 포함하고 있으므로 입자 역시 존재하리라 생각할 수 있습니다. 얼핏 4차원 세계는 비물질로만 이루어진 세계라 생각하기 쉬운데 이것은 잘못된 생각입니다. 2차원 세계 안에 1차원이 존재하고 3차원 세계 안에 1, 2차원이 모두 존재하듯 4차원 세계 안에는 1, 2, 3차원이 모두 존재할 수 있기 때문입니다.

그럼에도 불구하고 4차원 세계를 비물질 세계로 인식하는 이유는 영적 세계만을 떠올리기 때문이라고 생각됩니다. 어쨌든 우리는 3차원 세계에 살고 있기 때문에 4차원 세계를 볼 수 없으므로 4차원 세계의 모습에 대한 것은 상상으로밖에 할 수 없습니다. 그런 가운데 예수님이 4차원 세계(천국)에 대한 모습을 비유로 알려 주었으므로 우리는 4차원 세계의 모습에 대해 대략적으로라도 논리적으로 상상할 수 있게 되는 것입니다.

4차원 세계에도 분명 입자가 존재할 터이고 그 입자가 3차원 세계에 적용되어 물질 세계를 이루었을 것이라 추정할 수 있습니다. 그런 점에서 입자야말로 천국의 물질이라고 볼 수 있습니다. 이제 이 입자의 비밀을 푸는 것은 곧 천국의 비밀을 푸는 것이 되므로 매우 중요한 일이라 하지 않을 수 없습니다.

양자역학의 발전으로 입자의 비밀이 밝혀지다

입자의 비밀을 풀기 위해서는 양자역학에 대한 이해가 필요합니다. 양자역학은 미시적인 입자의 세계를 설명하는 현대 물리학의 기본 이론이라 할 수 있습니다. 양자역학에서 양자(量子)는 '가장 작은 입자'를 뜻하는 물리학의 용어입니다. 따라서 양자역학이란 가장 작은 입자의 운동을 다루는 학문이라고 할 수 있습니다. 그 내용의 핵심은 전자나 양성자와 같은 미시 세계 입자의 경우 입자와 파동의 성질을 각각 나타내는 이중성을 가진다는 사실입니다. 심지어 우리가 파동이라고 인식하고 있는 빛 역시 입자성을 가진다는 사실도 발견되었습니다. 이때 입자의 성질을 가진 빛을 광자(光子, 빛을 양자화한 입자)라고 부릅니다. 빛이 입자라고 하면 언뜻 이해하기 어려울 수도 있습니다. 하지만 미시 세계로 들어가면 이런 일은 가능하다는 것이 양자역학으로 밝혀진 것입니다.

4차 산업 혁명의 기술은 이러한 양자역학과 깊은 관련을 가지고 있습니다. 사실 오늘날 인류에게 최고의 편리성을 가져다준 디지털 기술은 양자역학 때문에 탄생한 기술이라 해도 과언이 아닙니다. 미시 세계의 입자가 가지는 양자성을 이용하여 디지털 기술이 만들어졌기 때문입니다. 따라서 우리는 양자역학의 원리로 다뤄지는 미시 입자 덕분에 컴퓨터와 인터넷을 통하여 데이터를 다루고 전 세계로 전파할 수 있게 되었습니다.

이런 모든 일이 천국의 물질인 입자에서 시작되었다는 것은 놀라운 사실입니다. 어쩌면 4차원의 입자는 이미 이런 계획을 다 담은 채 지구로

왔는지도 모릅니다. 이미 태초에 이런 계획하에 4차원으로부터 온 입자를 통하여 천지가 창조되고 이 입자를 통하여 과학이 발전되며 나아가 이 입자를 통하여 4차 산업 혁명을 이루고 천국 완성의 길로 가고 있는지도 모릅니다. 그런 점에서 우리는 입자의 비밀을 알아내기 위해 더욱 힘써야 할 것입니다.

2막

창세기 1장으로 본 과학적 창조 시스템의 이해

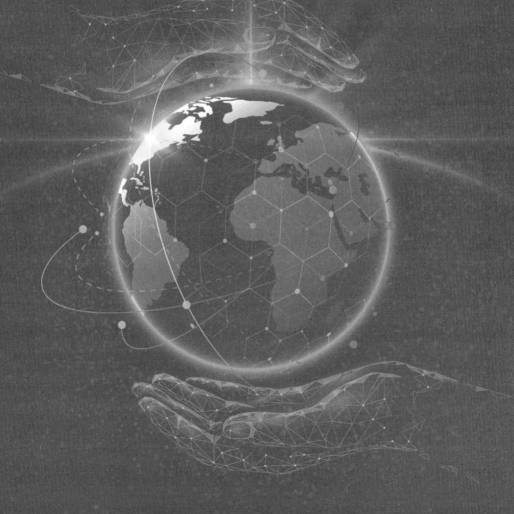

1. 기존의 창세기 1장 해석에 대한 문제점

천지 창조의 과학적 해석에 대한 고민

2막에서부터 저는 성경 창세기에 등장하는 천지 창조에 대하여 논하려고 합니다. 이것은 제 인생에서 오랫동안 고민한 문제였기에 생각만 해도 벌써 가슴이 설렙니다. 아마도 대부분의 기독교인들은 이러한 천지 창조에 대해 별다른 고민 없이 받아들였을 것입니다. 혹 천지 창조가 비과학적 내용이라 믿지 못해 아직 신앙을 갖지 못한 사람들도 있을 것입니다. 한편, 학자들이나 과학자들은 이러한 천지 창조를 하나의 신화처럼 치부하기도 할 것입니다. 이 모든 것은 각 사람들이 처한 상황에 따라 생긴 문제이기에 제가 가타부타할 수는 없는 것들이라 생각합니다.

그럼에도 불구하고 제가 천지 창조에 대하여 그토록 오랫동안 고민한 까닭은 이러한 천지 창조에 놀라운 과학적 비밀이 숨어 있다는 생각이 끊이지 않고 떠올랐기 때문입니다. 저는 정말로 성경이 하나님의 영감에 의해 기록되었다고 믿는 사람입니다. 그 하나님은 또한 과학을 창조하신 분이기도 하기에 성경을 비과학적으로 기록하게 했을 리가 만무하다고 생각했습니다. 그래서 천지 창조를 과학적으로 파고들기 시작한 것입니다.

안타깝게도 저는 과학 전공자가 아닙니다. 그럼에도 불구하고 기존의 과학 이론에 매달리려고 하지 않았습니다. 왜냐하면 자칫 기존의 과학 이론에 매몰되어 하나님의 진짜 뜻을 놓칠 수도 있다고 생각했기 때문입니다. 아마도 그래서 하나님은 미천한 저에게 천지 창조의 과학 논리들을 지식으로 알려 주셨다고 생각됩니다. 물론 이렇게 받은 과학적 논리들은 나중에 혹시 기존의 과학에 어긋나는 것이 없나 검증하는 시간을 가져야 했습니다.

이제 제가 하나님으로부터 받은 천지 창조의 과학적 지식을 밝히기 전에 먼저 천지 창조와 관련된 기존의 생각들에 대한 문제점부터 살펴보려 합니다. 여기서 말하는 천지 창조와 관련된 기존의 생각들이란 교회에 일반적으로 퍼져 있는 생각도 있고 또 창조과학론자들이 주장하는 내용도 포함되어 있습니다.

말씀만으로 만물이 창조되었다고 생각하는 문제

천지 창조의 내용을 살펴보면 하나님이 빛이 있으라 하니 빛이 있었고 궁창이 있어라 하니 궁창이 만들어졌다는 내용이 나옵니다. 이 구절을 문자적으로만 보면 하나님의 말씀 한마디에 창조물이 뚝딱 하고 만들어진 것처럼 생각하기 쉽습니다. 문제는 과학적으로 이런 일은 일어날 수 없다는 데 있습니다. 그럼에도 불구하고 믿음이 좋다는 기독교인들은 큰 저항 없이 하나님의 말씀 한마디에 창조물이 뚝딱 하고 만들어진 것을 받아들이고 있는 것이 현실입니다. 그 이유는 전지전능하신 하나님이 못할 게 없는데 말씀 한마디로 빛과 궁창 등을 만들어 내지 못하겠느냐 하는 믿음 때문이라고 할 수 있습니다.

하지만 저는 하나님이 천지를 창조할 때 단지 말씀 한마디로 뚝딱 창조한 것이 아니라 어떤 자연의 법칙에 의해 과학적 원리로 세상을 창조하셨다고 생각합니다. 여기서 말하는 자연의 법칙이란 하나님의 원대한 뜻으로 인해 만들어진 섭리나 규칙 같은 것이라 생각하면 무방할 것입니다. 이 때문에 하나님의 법칙에 의해 만들어진 자연은 규칙적인 질서에 의해 변함없이 움직이고 있는 것입니다. 그런 면에서 하나님의 무한한 지혜의 말씀은 과학적 증거를 내포하고 있다고 할 수 있습니다.

앞에서 모든 창조는 입자 하나로부터 시작된다는 이야기를 하였습니다. 이렇게 접근하면 어떤 창조에 대해서도 과학적 접근과 논리적 설명이 가능해집니다. 하지만 말씀 한마디에 뚝딱 하고 동물이나 인간 등 만물이 만들어졌다는 것은 도저히 과학으로 설명할 수 없는 한계를 가지게 됩니다. 이것은 논리적으로도 설명이 불가능하며 결국 신비주의에 매달릴 수밖에 없는 함정에 빠지게 됩니다. 결국 하나님 또한 신비주의에 입각한 신이 되며 성경 또한 신비주의에 입각한 책이라는 결론에 도달하게 되니 절대적으로 피해야 할 해석이라고 생각됩니다. 우리 하나님은 물론 신비적인 요소가 없는 것은 아니지만 철저히 자연에 정해진 과학적 법칙에 따라 통치하시는 하나님이란 사실을 잊지 말아야 합니다.

말씀으로 만물이 창조되는 과학적 원리

저는 창세기 1장을 자세히 관찰하면서 천지 창조가 하나님이 만드신 자연의 법칙에 의하여 하나하나 이루어지고 있음을 발견할 수 있었습니다. 여기서 하나님이 만드신 자연의 법칙은 하나님께서 어떤 목적을 이루고자 만든 법칙입니다. 그 목적에 대해서는 뒷부분에서 더 자세히 이야기하겠지만 결국 인간의 구원과 관계된 것이라 할 수 있습니다. 여기서 말하는 구원이란 결국 천국을 완성하는 개념이라고 생각하면 이해가 쉬울 것입니다. 결국 하나님은 인간을 통하여 주기도문에 나오는 것처럼 이 땅에 (하늘에서와 같이) 천국을 완성하기 위해 천지 창조를 시작한 것입니다. 그 시작의 상황이 기록된 것이 창세기 1장이라 할 수 있고요.

그런데 왜 성경에서는 하나님의 말씀에 의해 천지가 창조되었다고 기록되어 있을까요? 여기에는 놀라운 과학적 비밀이 숨어 있습니다. 하나님의 말씀에는 곧 두 가지 의미가 내포되어 있습니다. 하나는 뜻으로서의 말씀이고 다른 하나는 소리로서의 말씀입니다.

세상의 모든 물질 중에 그냥 만들어지는 것은 단 하나도 없습니다. 모든 물질은 반드시 (하나님의) 뜻에 의해 만들어집니다. 예를 들어 우리 가정에 있는 물품을 보십시오. 컵은 물을 담고자 하는 뜻에 의해 만들어졌고 숟가락은 밥을 쉽게 퍼먹고자 하는 뜻에 의해 만들어졌습니다.

만약 뜻 없이 그냥 만들어진 물건이 있다면 그것은 쓸모없는 물건이라 그냥 버려지고 말 것입니다.

자연의 물질도 마찬가지입니다. 자연에 만들어진 모든 물질은 하나님의 뜻에 의해 만들어졌습니다. 바위가 그렇고 흙이 그렇고 공기가 그렇습니다. 하다못해 벌레 또한 하나님의 뜻에 의해 만들어진 것입니다. 이처럼 어떤 물질이 만들어지기 위해 뜻은 절대적 역할을 하게 됩니다.

다음으로 물질이 창조되는 데 소리로서의 말씀은 왜 필요할까요? 소리는 곧 에너지를 뜻합니다. 앞에서 소리에 촛불이 흔들린다는 이야기를 하였었는데 이것이 곧 소리=에너지임을 증명하는 것입니다. 물질의 창조에 에너지가 필요한 까닭은 이미 앞에서 설명한 바 있습니다. 아인슈타인의 물질, 에너지 공식($E=mc^2$)에 의해 에너지는 어떤 조건에 의해 물질로 바뀔 수 있는 가능성이 있기 때문입니다. 이로써 하나님이 말씀으로 천지의 물질을 창조한 것은 과학적으로 설명이 가능하게 되었습니다. 하나님의 말씀이야말로 과학적으로 물질을 창조할 수 있기 때문입니다. 하나님의 말씀에 의한 천지 창조가 이처럼 과학적으로 설명될 수 있다면 더 이상 신비주의에 매달릴 필요가 없게 됩니다. 우리 하나님은 과학을 창조하신 하나님이기도 하기 때문입니다.

천지 창조의 날을 현재의 날과 같은 시간으로 보는 문제

성경에서는 천지 창조가 단 6일 만에 일어났다고 기록되어 있는 것처럼 보입니다. 현재 한글 번역본의 성경에 의하면 천지 창조를 기록하면서 각각의 날들에 대해 첫째 날, 둘째 날, 셋째 날, 넷째 날, 다섯째 날, 여섯째 날이란 표현을 사용했기 때문입니다. 놀라운 것은 성경학자들이 이러한 날을 현재의 날과 같은 시간으로 계산하여 태초부터 지금까지 성경의 기록을 바탕으로 우주의 나이를 계산한 결과 6천여 년에 불과하다는 주장을 하고 있다는 사실입니다. 이것은 과학에 의해 밝혀진 우주의 역사가 약 138억 년(또는 137억 년)이라는 사실과 너무나 차이가 나 혼란을 주고 있습니다. 지금은 과학 시대이기에 사람들은 과학의 주장에 기운 듯 보였으나 더욱 놀랍게도 창조과학회의 과학자들조차 6천 년이 맞다는 주장을 내놓으면서 우주의 나이는 더욱 혼돈에 빠져들고 있는 상태입니다. 도대체 누구의 주장이 맞는 것일까요?

이러한 우주의 나이에 대한 과학적 대치는 천지 창조를 과학적으로 풀고 있던 저에게도 큰 문젯거리로 다가올 수밖에 없었습니다. 저는 오랜 연구 끝에 두 주장 모두 문제가 있다는 결론에 이르게 되었습니다.

우주의 나이를 6천 년으로 보는 문제

먼저 성경학자들과 창조과학자들이 주장한 6천 년은 너무 과학적 신빙성이 떨어져 터무니가 없어 보입니다. 저는 앞에서 물질의 창조가 미시 입자로부터 시작되었다는 이야기를 했습니다. 이러한 과학적 과정에 의해 물질 하나가 창조되기 위해서는 수많은 시간이 필요합니다. 그런데 단 하루 만에 하늘이 만들어지고 땅이 창조되었다는 것은 과학적 사실과는 전혀 거리가 먼 이야기일 수밖에 없다는 것입니다. 이 때문에 과학적 연구로 밝혀진 138억 년과 터무니없는 간극이 생기고 만 것입니다.

저는 성경을 고찰하던 중 이러한 생각에 근거를 달아줄 사실을 발견할 수 있었습니다. 한글 번역본에 첫째 날, 둘째 날, 셋째 날, 넷째 날, 다섯째 날, 여섯째 날이라고 번역된 단어들이 오역이었다는 사실을 발견한 것입니다. 이에 대한 이해를 돕기 위해 모든 성경은 같은 것이 아니라는 사실을 알아둘 필요가 있습니다.

성경에 대해 이야기하자면 현재 히브리어나 헬라어로 된 원본 성경은 무슨 이유에서인지 발견되지 않고 있습니다. 단지 수천, 수만 개의 성경 사본이 존재하고 있는데 그중 어떤 사본을 선택하여 번역하느냐에 따라 번역 성경은 달라질 수 있습니다. 현재 우리나라에서 보고 있는 한글 개역 성경은 국제적으로 정한 원어 사본을 번역하여 만들어진 성경입니다. 그런데 번역 성경의 경우 각 나라의 언어로 번역되는 과정에서 문제가 생길 수 있습니다. 서로 통용되는 단어가 없어서 문제가 생길 수도 있고 문화적 차이 때문에 문제가 생길 수도 있기 때문입니다.

안타깝게도 창세기 1장의 첫째 날, 둘째 날, 셋째 날, 넷째 날, 다섯째 날, 여섯째 날에 대한 번역은 번역 오류에 해당한다고 볼 수 있습니다. 왜냐하면 원어 성경으로 볼 때 첫째 날, 둘째 날, 셋째 날, 넷째 날, 다섯째 날, 여섯째 날은 기술적으로 잘못된 번역이기 때문입니다. 원어 성경에서 이것의 정확한 번역은 '첫째 날은 한 날', 둘째 날부터는 한 날의 둘째 날, 한 날의 셋째 날, 한 날의 넷째 날, 한 날의 다섯째 날, 한 날의 여섯째 날이 맞습니다. 무슨 이야기냐 하면 히브리어에도 수를 표현할 때 우리 말처럼 기수와 서수가 있는데 기수의 경우 1, 2, 3처럼 수 자체를 표현하는 말이며 서수는 첫 번째, 두 번째, 세 번째처럼 수의 순서를 나타내는 말입니다. 그런데 원어 성경에 의하면 번역 성경의 첫째 날은 기수로 되어 있고 나머지 둘째 날부터 일곱째 날까지는 서수로 되어 있습니다. 따라서 '첫째 날은 하나의 날', 둘째 날부터는 한 날의 둘째 날, 한 날의 셋째 날…처럼 번역해야 바른 번역이 되는 것입니다.

그렇다면 왜 원어 성경에서는 기수와 서수를 사용하여 천지 창조를 기록한 것일까요? 제가 보기에 첫째 날의 정확한 번역인 '하나의 날'에 주목할 필요가 있다고 생각됩니다. 여기에서 '하나'는 성경 전체의 주제와도 일맥상통합니다. 예수님은 자신이 하나님과 하나라는 사실을 강조하셨고 우리와도 하나될 것을 말씀하셨습니다. 앞에서 인터넷으로 인해 세계가 하나로 되는 것을 이야기할 때 에베소서 1장 10절 "하늘에 있는 것이나 땅에 있는 것이 다 그리스도 안에서 통일되게 하려 하심이라"에 대해 강조한 적이 있었는데 이 역시 하나와 관련이 있습니다.

그런 점에서 하나의 날은 하나님의 시간 개념에 해당한다고 볼 수 있습니다. 또 '인류 전체가 하나님의 시간 안에서 하나님과 하나 되어 천국을 완성해 나간다'는 뜻으로도 해석할 수 있습니다. 이런 관점으로 보면 천지 창조는 철저히 하나님의 시간 안에서 빛의 창조부터 인간의 창조까지가 순서적(둘째 날부터 일곱째 날까지)으로 이루어진 사건임을 알 수 있게 됩니다.

이런 기준으로 보면 이제 천지 창조가 단 6일 만에 일어났다는 창조론자들의 주장이 얼마나 터무니없는지 알 수 있게 됩니다. 그렇다면 도대체 하나의 날은 어느 정도나 되는 시간일까요? 앞에서도 이야기했듯 하나의 물질이 창조되기 위해서는 태초 에너지로부터 미시 입자를 거쳐야 하고 다시 원자의 조합이 일어나야 하는 등… 영겁의 시간이 필요할 수 있다고 판단됩니다. 둘째 날, 셋째 날… 등 순서적으로 이어지는 날들의 시간 간격도 마찬가지입니다.

여기서 '날'이라는 시간적 개념은 인간적 시간의 개념으로 판단해서는 안 될 것입니다. 왜냐하면 이 기록은 하나님의 영감에 의한 기록이므로 하나님의 시간이 적용되어야 하기 때문입니다. 그리스 신화에 의하면 카이로스의 시간과 크로노스의 시간 개념이 나옵니다. 크로노스의 시간은 우리가 익히 알고 있는 흘러가는 시간 개념입니다. 하루 24시간이 곧 크로노스의 시간인 것입니다. 반면 카이로스의 시간은 순간적으로 일어나는 시간을 뜻하는 말로 이것은 절대적 하나님의 시간이라고 할 수 있습니다.

하나님의 시간(카로이스)은 인간이 측량하거나 가늠할 수 없는 시간입니다. 원어 성경에 나오는 하나의 날이 곧 하나님의 시간이라고 볼 수 있는데 이 시간이 얼마나 될지는 인간의 시간 개념으로는 판단할 수 없는 것입니다.

그렇다면 둘째 날, 셋째 날…의 시간은 어떨까요? 우리가 자식을 낳으면 장남을 첫째라 부르고 그다음 낳은 자식을 둘째, 그다음 낳은 자식을 셋째라고 부릅니다. 이때 첫째와 둘째, 셋째는 순서가 중요하지 시간이 중요하지 않습니다. 게다가 첫째와 둘째, 셋째는 일정한 시간을 가지고 태어나지도 않습니다. 1년이 걸릴지 2년이 걸릴지 3년이 걸릴지 알 수가 없다는 이야기입니다. 그렇기 때문에 둘째 날, 셋째 날…의 시간도 가늠할 수가 없는 것입니다. 무엇보다 하나님께서 우주를 창조하신 시간은 전적으로 하나님의 주관적 시간이기 때문에 더욱 그러합니다.

사랑하는 자들아 주께는 하루가 천년 같고 천년이 하루 같은 이 한 가지를 잊지 말라(베르도후서 3:8)

우주의 나이를 과학적으로 계산한 것도 문제는 있다!

그렇다면 우리는 우주의 나이를 138억 년 정도로 계산한 과학의 주장은 믿어야 할까요? 저는 이 역시 문제가 있다는 결론에 도달했습니다. 이러한 우주의 나이 계산법에 대해서는 이미 앞에서 이야기한 바 있습니다. 우주 나이 계산법이 지금은 맞다고 이야기할지 모르나 훗날 우주에 관한 새로운 이론이 나오면 폐기될지도 모를 이론이기 때문입니다.

최근 과학은 대학에 과학 철학 학과가 생길 정도로 과학 철학을 중요시하고 있습니다. 과학 철학이란 과학도 철학처럼 명쾌하지는 않다는 새로운 접근법에서 나온 학문입니다. 과학이 등장한 이후 사람들은 과학이라면 일단 맹신하는 분위기가 생겨났는데 사실 과학도 허점이 있다고 보는 것이 과학 철학의 태도입니다. 예를 들어 물이 100℃에서 끓는다는 것은 과학이 만들어 낸 대표적인 사실입니다. 그런데 과연 이 명제는 맞는 사실일까요?

그렇지 않습니다. 만약 수돗물을 냄비에 넣고 끓인다면 아무리 측정해도 100℃에서 끓는 장면을 포착할 수 없게 될 것입니다. 아마도 100℃보다 높은 온도에서 끓게 될 확률이 높습니다. 그 이유는 물은 100℃에서 끓는다는 명제는 1기압에서 순수한 물일 경우에 해당하는 이야기이기 때문입니다.

그렇다면 1기압에서 순수한 물은 100℃에서 끓게 될까요? 놀랍게도 과학 철학자들의 실험에 의하면 이마저도 오차가 있음이 발견되었습니다. 게다가 양은냄비에 끓이느냐 유리그릇에 끓이느냐에 따라 또 오차가 발생하고 폭이 깊은 그릇이냐 얕은 그릇이냐(그릇의 모양)에 따라서도 오차가 생깁니다. 이 정도 되면 과연 물이 정말 100℃에서 끓는다는 명제가 맞는 것인가 하는 의문마저 들 지경입니다.

현재 나와 있는 비교적 정확한 과학적 사실조차 이런데, 막연한 우주에 대한 이론이 맞을 것이라 생각하고 맹신하는 것은 위험한 행동이 될 수 있다고 생각합니다. 우주의 과학적 나이 계산에 대해 제가 불신할 수밖에 없는 가장 큰 이유는 역시 이런 식으로 계산했을 때 지구가 가장 마지막에 생성된다는 결론에 이르게 되기 때문입니다. 이것은 성경의 사실과도 배치되니 믿기가 힘들 수밖에 없습니다.

첫째 날의 빛을 빅뱅으로 보는 시각의 문제

많은 사람들은 첫째 날에 창조된 빛의 정체에 대해 고개를 갸우뚱하게 됩니다. 지구에서 빛이라 하면 당연히 태양빛을 생각하게 되므로 첫째 날의 이 빛이 태양의 창조일 것이라 생각되는데 넷째 날에 갑자기 태양의 창조가 나오니 말입니다.

이 때문에 사람들은 머리를 굴리며 이 빛의 정체가 무엇일까, 고민하게 됩니다. 그러다가 빅뱅에 대해 조금이라도 아는 사람들은 이 빛이 혹시 빅뱅이 아닐까, 하는 생각을 하게 되는 경우가 제법 많은 것 같습니다. 빅뱅은 대폭발을 의미하므로 대폭발 과정에 빛이 발생했을 것이고 무엇보다 태초에 일어난 사건이니 첫째 날의 빛과 매우 닮아 보이기 때문입니다.

그러나 이 빛이 빅뱅이 될 수 없는 까닭은 성경에서 이 빛의 창조 이전에 물과 암흑이라는 공간이 있었음을 이야기하고 있기 때문입니다. 빅뱅 이론에 의하면 빅뱅은 우주 탄생의 시초에 일어난 일로 아무것도 없는 상태에서 일어난 대폭발을 의미합니다. 하지만 성경에서는 첫째 날의 빛 창조 이전에 물과 암흑이 있는 땅이 이미 있었다고(창세기 1장 2절) 이야기하고 있기 때문에 이 빛은 절대 빅뱅이 될 수 없습니다.

무엇보다 빅뱅 이론의 한계는 우연성에 있습니다. 현재의 빅뱅 이론에서는 계속 우연을 이야기하고 있습니다. 즉, 우연히 큰 압력과 에너지가 존재했고 이것이 폭발하여 빅뱅이 일어나게 되었다는 것입니다. 그리고 이러한 빅뱅으로 인해 생성된 입자가 결집하여 우연히 행성을 만들고 별을 만들어 지금의 우주가 완성되었다는 것입니다. 과연 이러한 우연성으로 지금처럼 질서정연하게 움직이는 우주가 만들어졌다는 사실을 믿을 수 있을까요? 하나님과 같은 절대자의 계획에 의해 만들어지지 않고서는 지금과 같이 정교하게 움직이는 우주의 질서를 도저히 설명할 수가 없는 것입니다.

옛날에는 지구가 네모나다고 생각하다가 둥글다는 사실을 알게 되었습니다. 또 천동설을 믿다가 지동설로 바뀌게 되었습니다. 이처럼 시대의 변화에 따라 과학적 사실들은 계속 변하여 왔습니다. 마찬가지로 빅뱅설 역시 현재는 대세이지만 언젠가는 이 역시 변하는 날이 올 것이라 생각됩니다. 그것은 성경에 어긋나기 때문입니다.

그렇다면 도대체 이 빛의 정체는 무엇일까요? 저는 이 문제에 대해 매우 오랜 시간 동안 고민해 왔습니다. 무엇보다 창세기 1장의 천지 창조는 우주의 창조보다 지구의 창조에 집중하고 있다는 사실에 주목하였습니다. 게다가 원어 성경을 자세히 분석해 본 결과 이 빛의 창조 이전에 이미 땅과 땅 위를 흐르는 물(수면)과 땅 아래에 고인 물이 있었습니다. 무엇보다 둘째 날 창조에 만들어지는 궁창 역시 우주 공간이라기보다 지구의 창공을 뜻한다고 볼 수 있었습니다. 따라서 이 빛은 분명 지구의 창조와 함께 발생한 어떤 빛이라고 볼 수 있었습니다.

실제 지구의 내부 구조를 보면 벌겋게 끓고 있는 핵이 있는데 이 핵이 만들어질 때 발생한 빛이 아닐까, 생각해 보았습니다. 지구는 내부로 갈수록 온도가 높아지는데 특히 지구의 내핵은 6천℃가 넘는 초고온으로 펄펄 끓고 있습니다. 물질이 만들어질 때 핵이 먼저 만들어지고 나머지 외부가 만들어지는 것을 생각해 볼 때 이 빛이 지구의 핵을 창조할 때 만들어진 빛이라는 생각은 논리적으로도 타당해 보입니다. 저는 이를 바탕으로 천지 창조의 과학적 해석을 풀어나갈 계획입니다.

셋째 날, 식물 창조의 문제

셋째 날에는 물과 땅이 구분되면서 드러난 땅에 식물이 창조되기 시작합니다. 그런데 창세기를 물질 창조로만 이해하는 사람들에게 가장 난해한 구절이 바로 이 셋째 날의 식물 창조일 것입니다. 왜냐하면 식물은 태양 빛 없이는 존재할 수 없는데 그 다음 날인 넷째 날에 태양이 창조되기 때문입니다. 그렇다면 태양보다 먼저 식물이 만들어졌다는 이야기인데 과연 이게 가능할까요.

저는 이에 대한 문제를 풀기 위해 여러 책도 보고 강의와 설교를 들어 봤지만 제대로 설명해 주는 사람을 아직까지 찾지 못하고 있는 상태입니다. 과학적으로 태양 없이 식물은 존재할 수 없습니다. 그런데 왜 성경은 태양보다 식물이 먼저 창조되었다고 기록한 것일까요?

많은 성경학자들이나 과학자들조차 이 문제를 풀지 못해 이 부분을 슬쩍 넘어가 버리는 경우가 많은데 이것은 올바른 태도가 아니며 과학적 접근에도 문제를 일으키게 됩니다. 따라서 이를 무조건 피할 것이 아니라 과학적 해결을 위해 달려들어야 할 것입니다.

나 역시 이 문제를 해결하기 위해 오랜 연구를 거듭한 결과 다음과 같은 생각에 이를 수 있었습니다.

성경은 분명 지구, 해와 달과 별의 창조 순서를 이야기하고 있습니다. 이때 지구는 뜨거운 광체로 만들어지게 되는데(빛이 있어라) 이러한 지구가 완전히 식기 전의 시간 속에서 동시에 달과 태양과 별도 만들어지고 있었을 것으로 추정됩니다. 왜냐하면 이러한 주변의 성체들이 있어야 지구가 자전과 공전을 할 수 있기 때문입니다. 지구의 자전과 공전이 있어야 지구의 창조물들이 역동적으로 살아갈 수 있게 됩니다.

따라서 지구가 완전히 식어 모양을 갖추게 되었을 때는 이미 주변의 성체들(달, 태양, 별 등)도 어느 정도 형체를 갖추기 시작하였을 것으로 추정됩니다. 이런 가운데 식물이 창조되었고 식물은 이때의 태양 빛에 의해 살아갈 수 있지 않았을까 생각됩니다.

이것은 마치 집을 지을 때와 비슷한 상황으로 볼 수 있습니다. 우리가 집을 지을 때 본체만을 짓지는 않습니다. 집을 짓기 위해서는 먼저 터를 잡아야 하고 그 가운데 본체를 짓지만 동시에 주변 울타리도 함께 공사하게 됩니다. 그리하여 나중에는 동시에 집 전체를 완성하게 됩니다.

지구와 우주도 이와 비슷하게 창조되었을 것으로 추정됩니다. 즉, 하나님께서는 지구의 자전과 공전을 위해서 지구를 만듦과 동시에 태양과 달과 별들도 만들고 계셨던 것입니다. 이때 달은 지구의 자전을 돕도록, 태양은 지구의 공전을 돕도록, 또 별들은 지구의 공전 궤도를 돕도록 만들어졌을 것입니다.

셋째 날, 식물이 창조되고 자랄 수 있는 이유는 바로 이때 동시에 만들어지고 있던 태양 빛을 받을 수 있었기 때문이 아닌가, 생각됩니다. 이제 집을 지을 때 본체가 완성되고 난 후 주변 울타리를 마지막으로 완성하는 것처럼 지구 창조가 완성된 후 태양과 달과 별들의 창조도 완성된 것이 아닌가, 추정됩니다.

우주로부터 태양계-지구가 형성되었다는 시각의 문제

성경의 천지 창조를 읽었다는 사람들조차 우주의 창조 순서를 우주-은하계-태양계-지구로 보는 경우가 많은 것 같습니다. 아마도 이것은 창세기 1장의 천지 창조를 우주의 창조로 보고 1일째 빛의 창조를 빅뱅으로 보는 시각에서 나온 우주관이 아닌가 생각됩니다. 무엇보다 이와 같은 우주관에 영향을 미친 것은 역시 과학적 방식에 의한 우주의 나이 계산 때문일 것입니다. 과학적 우주의 나이 계산에 의하면 우주의 탄생이 약 138억 년 전, 태양계와 지구의 탄생이 약 46억 년 전이 되니 말입니다.

하지만 이러한 이론은 성경의 기록과 반하는 내용이라 고민하게 됩니다. 성경에서는 분명 지구가 먼저 만들어지고 태양과 달, 별 등과 같은 우주는 네 번째로 만들어지기 때문입니다. 이 때문에 저는 과연 우주의 나이에 대한 과학적 계산이 타당한지에 대해 연구하게 되었습니다. 그 결과 현재 우주에 대해 나와 있는 대부분의 이론들은 이론에 불과하지, 아직 법칙으로 증명된 것은 드물다는 사실을 알게 되었습니다. 우주의 나이 계산법도 마찬가지였습니다. 현재의 우주 나이 계산법에는 아직

허점이 존재하고 있다는 의견이 많습니다. 특히 방사성 동위원소 연대 측정법의 경우 문제가 많다는 사실을 알게 되었습니다. 따라서 이 부분에 대해서는 좀 더 과학적 고민이 이루어져야 할 것이라 생각됩니다. 훗날 하나님의 뜻에 의해 나타난 과학자가 이 문제를 해결해 주리라 믿고 있습니다.

2. 창세기 1장에 의거한 과학적 창조의 6단계 해석

창세기 1장에 의거한 과학적 창조 풀이에 도전

드디어 가슴 뛰는 순간이 다가왔습니다. 이제부터 저는 철저히 창세기 1장의 성경 말씀에 근거하여 하나님의 천지 창조를 과학적 해석으로 풀어 보겠습니다. 이전까지 했던 모든 설명들은 성경의 과학적 해석을 위한 장치들이었다고 생각해 주시면 좋겠습니다.

성경 말씀에 근거하여 창조를 풀어 나가는 데 있어 중요한 것은 먼저 성경 말씀을 제대로 이해하고 있어야 한다는 점입니다. 성경 말씀은 두 가지 구조로 구성되어 있다고 볼 수 있습니다. 단지 문장에 드러난 사실이 있고 문장에 드러나지 않았지만 상징적 의미가 내포되어 있는 경우도 있습니다. 문장에 드러난 사실만 쫓다가는 그 문장에 내포된 상징을 놓칠 수가 있고 문장에 내포된 상징만 쫓다가는 실제적 사실을 놓칠 수 있다는 문제에 부딪히게 됩니다. 따라서 문장에 드러난 사실과 그 안에 내포된 상징을 모두 읽어야 성경의 의미를 모두 이해할 수 있습니다.

저는 이런 기준으로 먼저 성경의 전체적 맥락을 파악한 후 그에 따라 천지 창조를 과학적으로 풀어내는 일에 도전할 것입니다. 천지 창조를 과학적으로 풀어내는 과정에서는 철저히 과학적 사실을 근거로 하여 이야기를 전개해 나갈 것입니다.

기초적으로 보는 창세기 1장의 해석

먼저, 본격적 천지 창조의 해석에 앞서 창세기 1장의 전체적 맥락에 따른 기초적 해석을 해보고자 합니다. 이를 위해 먼저 창세기 1장의 내용을 전체적 맥락으로 이해하는 것이 매우 중요합니다. 먼저 개역 한글로 된 창세기 1장의 전체 내용을 단락별 주제로 구분하여 살펴보도록 하겠습니다.

[하나님이 꿈을 펼치기 위해 천지 창조의 배경을 만드는 장면]

1 태초에 하나님이 천지를 창조하시니라

2 땅이 혼돈하고 공허하며 흑암이 깊음 위에 있고 하나님의 영은 수면에 운행하시
  니라

[첫째 날(하나의 날) : 빛을 창조하여 지구를 빛과 어둠으로 나눔]

3 하나님이 이르시되 빛이 있으라 하시매니 빛이 있었고

4 그 빛이 하나님의 보시기에 좋았더라 하나님이 빛과 어둠을 나누사

5 하나님이 빛을 낮이라 부르시고 어둠을 밤이라 부르시니라 저녁이 되며 아침이

되니 이는 첫째 날이니라

[둘째 날 : 궁창(하늘)을 창조하여 지구의 물을 위와 아래로 나눔]

6 하나님이 이르시되 물 가운데 궁창이 있어 물과 물로 나뉘게 하리라 하시고

7 하나님이 궁창을 만드사 궁창 아래의 물과 궁창 위의 물로 나뉘게 하시매니 그
   대로 되니라

8 하나님이 궁창을 하늘이라 부르시니라 저녁이 되며 아침이 되니 이는 둘째 날이
   니라

[셋째 날 : 지구의 물을 한곳으로 모아 땅이 드러나게 하고 거기에 식물을 창조함]

9 하나님이 이르시되 천하의 물이 한곳으로 모이고 뭍이 드러나라 하시매니 그대
   로 되니라

10 하나님이 뭍을 땅이라 부르시고 모인 물을 바다라 부르시니라 하나님의 보시
   기에 좋았더라

11 하나님이 이르시되 땅은 풀과 씨 맺는 채소와 각기 종류대로 씨 가진 열매 맺
   는 나무를 내라 하시매 그대로 되어

12 땅이 풀과 각기 종류대로 씨 맺는 채소와 각기 종류대로 씨 가진 열매 맺는 나
   무를 내니 하나님의 보시기에 좋았더라

13 저녁이 되며 아침이 되니 이는 셋째 날이니라

[넷째 날 : 하늘에 해와 달과 별을 창조함]

14 하나님이 이르시되 하늘의 궁창에 광명체들이 있어 낮과 밤을 나뉘게 하고 그 것들로 징조와 계절과 날과 해를 이루게 하라

15 또 광명체들이 하늘의 궁창에 있어 땅을 비추라 하시니 그대로 되니라

16 하나님이 두 큰 광명체를 만드사 큰 광명체로 낮을 주관하게 하시고 작은 광명 체로 밤을 주관하게 하시며 또 별들을 만드시고

17 하나님이 그것들을 하늘의 궁창에 두어 땅에 비취게 하시며

18 낮과 밤을 주관하게 하시고 빛과 어둠을 나뉘게 하시니 하나님이 보시기에 좋 았더라

19 저녁이 되며 아침이 되니 이는 넷째 날이니라

[다섯째 날 : 물의 생물과 하늘의 새를 창조함]

20 하나님이 이르시되 물들은 생물을 번성케 하라 땅위 하늘의 궁창에는 새가 날 으라 하시고

21 하나님이 큰 바다 짐승들과 물에서 번성하여 움직이는 모든 생물을 그 종류대 로, 날개 있는 모든 새를 그 종류대로 창조하시니 하나님의 보시기에 좋았더라

22 하나님이 그들에게 복을 주어 이르시되 생육하고 번성하여 여러 바닷물에 충 만하라 새들도 땅에 번성하라 하시니라

23 저녁이 되며 아침이 되니 이는 다섯째 날이니라

[여섯째 날 : 육지의 동물과 하나님의 형상을 닮은 사람을 창조함]

24 하나님이 이르시되 땅은 생물을 그 종류대로 내되 가축과 기는 것과 땅의 짐승

을 종류대로 내라 하시니 그대로 되리라

25 하나님이 땅의 짐승을 그 종류대로, 가축을 그 종류대로, 땅에 기는 모든 것을
그 종류대로 만드시니 하나님의 보시기에 좋았더라

26 하나님이 이르시되 우리의 형상을 따라 우리의 모양대로 우리가 사람을 만들
고 그들로 바다의 물고기와 공중의 새와 가축과 온 땅과 땅에 기는 모든 것을
다스리게 하자 하시고

27 하나님이 자기 형상 곧 하나님의 형상대로 사람을 창조하시되 남자와 여자를
창조하시고

[여섯째 날 : 하나님이 사람에게 지구를 다스리는 권세를 줌]

28 하나님이 그들에게 복을 주시며 그들에게 이르시되 생육하고 번성하여 땅에
충만하라, 땅을 정복하라, 바다의 물고기와 공중의 새와 땅에 움직이는 모든
생물을 다스리라 하시니라

[여섯째 날 : 식물은 사람과 동물의 먹이를 위해 주어진 것]

29 하나님이 이르시되 내가 온 지면의 씨 맺는 모든 채소와 씨 가진 열매 맺는 모
든 나무를 너희에게 주노니 너희 먹거리가 되리라

30 또 땅의 모든 짐승과 하늘의 모든 새와 생명이 있어 땅에 기는 모든 것에게는
내가 모든 푸른 풀을 먹을거리로 주노라 하시니 그대로 되니라

31 하나님이 그 지으신 모든 것을 보시니 보시기에 심히 좋았더라 저녁이 되며 아
침이 되니 이는 여섯째 날이니라

이상의 내용을 정리해 보면 태초에 하나님이 천지를 창조하고 마지막 인간까지 창조했다는 내용으로 읽을 수 있습니다. 저는 이러한 창조의 과정을 1단계부터 6단계까지로 나누어 살펴보고자 합니다.

어떤 이야기에서 가장 중요한 것은 첫 부분과 마지막 부분이라 할 수 있습니다. 마찬가지로 천지 창조에서도 첫 부분과 마지막 부분이 중요합니다. 천지 창조의 이야기에서 첫 부분은 빛의 창조가 아니라 창세기 1장 1~2절의 내용입니다. 이 부분을 제대로 이해해야 나머지 이야기도 술술 풀릴 수 있을 것입니다.

저는 창세기 1장 1절의 '태초에'라는 단어에 많은 내용이 함축되어 있다고 생각합니다. 즉, '태초에'라는 단어에는 (뒷부분에서 더 자세히 설명하겠습니다) 지금 우리가 생각하는 차원과 다른 차원에 계시는 하나님의 꿈과 생각이 담겨 있다는 것입니다. 우주가 탄생하기 전 4차원(또는 그 이상으로 상상할 수 있습니다)의 천국이 있었고 이 천국은 빛보다 밝은 세상이었습니다. 그러나 인간은 볼 수 없는 세상이었으며 이런 세상을 기하학적으로 4차원(또는 그 이상의) 세상이라 합니다. (제가 이 같은 연상을 할 수 있는 것은 성경에서 인간이 하나님의 형상대로 창조되었다고 표현하고 있기 때문입니다. 따라서 저 같은 미천한 사람에게도 하나님의 영성-사랑, 꿈, 생각, 믿음, 말 등-이 있고 그래서 하나님의 뜻을 연상해 낼 수 있기 때문입니다.)

이러한 4차원 세상에서 하나님은 4차원의 미시 입자를 통하여 3차원의 거시적 물질 세상을 창조할 생각을 하셨습니다. 그리고 3차원의 물질 세상을 만들기 위한 밑바탕이 되는 창조를 시작하셨는데 이것이 창세기 1장 1~2절에 기록된 말씀이라고 생각합니다.

1 태초에 하나님이 천지를 창조하시니라
2 땅이 혼돈하고 공허하며 흑암이 깊음 위에 있고 하나님은 영은 수면에 운행하시니라

창세기 1장 1절에서 창조한 천지는 이후에 만들어질 지구 창조의 바탕이 되는 창조라 여겨집니다. 예를 들어 생명이 태어나기 위해서는 모태(자궁)가 필요한데 창세기 1장 1절에서 창조한 '천지'가 바로 이 모태로 창조된 것이란 이야기입니다. 이때 모태의 공간으로 창조된 천(天)이 오늘날 우주 공간이 되었을 것으로 추정되며 지(地)가 지구 창조를 위한 주재료로서의 모태가 되었을 것으로 추정됩니다.

그런데 창세기 1장 2절에서는 이렇게 창조된 모태가 흑암과 어둠으로 되어 있다고 표현하고 있습니다. 모태의 창조가 어둠으로 창조된 까닭은 아직 빛이 창조되지 않았기 때문이라고 생각됩니다. 이 때문에 3차원의 물질 세상은 어둠으로부터 시작할 수밖에 없었습니다. 그래서 태초의 공간은 흑암으로 덮여 있었습니다. 이때 만들어진 지(地)의 모습은 마치 자궁에 비유할 수 있기에 모태라고 부를 수 있습니다. 모태가 있어야 아기가 태어나듯 지구를 만들기 위해서는 이러한 모태의 존재가 반드시 필요했기 때문입니다.

이러한 모태에는 지구를 만들 재료를 담은 성분들이 만들어졌는데 바로 물 성분과 땅 성분들이었습니다. 이렇게 만들어진 모태의 모습은 땅을 생성하는 성분들이 물속에 혼돈된 상태로 잠식하고 있는 모양이었습니다. 표면은 물 덩어리 같았으며 그 크기는 현재의 지구 크기와 비슷하였을 것으로 추정됩니다. 이런 가운데 하나님의 영은 모태의 수면 위를 운행하시면서 장차 인간이 살 수 있는 지구를 어떻게 만들까 설계하였습니다. 이것을 그림으로 표현해 보면 다음과 같을 것이라 추정됩니다.

1단계 – 지구 창조 첫째 날

1 태초에 하나님이 천지를 창조하시니라

2 땅이 혼돈하고 공허하며 흑암이 깊음 위에 있고 하나님의 영은 수면 위에 운행하시니라

3 하나님이 이르시되 빛이 있으라 하시니 빛이 있었고

4 빛이 하나님 보시기에 좋았더라 하나님이 빛과 어둠을 나누사

5 하나님이 빛을 낮이라 부르시고 어둠을 밤이라 부르시니라 저녁이 되고 아침이 되니 이는 첫째 날이니라

모태에 포함되어 있는 물 성분과 땅 성분은 장차 지구를 만들 재료로 쓰일 것들입니다. 이런 가운데 하나님은 지구를 만들기 위해 모태의 물 속에 잠재된 땅이 되는 성분과 물이 되는 성분을 나눌 생각으로 중력이 강력하고 뜨거운 불덩이 같은 빛을 준비하셨습니다.

"빛이 있으라" 하시니 빛이 창조되었습니다. 어두웠던 세상이 밝아지고 모태가 드러났으며 지구에서 보이는 모태의 부분을 낮이라 부르고 보이지 않는 반대편 어두운 부분을 밤이라 부르셨습니다. (빛은 직진을 하고 어둠을 타고 흐르는 것으로 추정되며 빛과 어둠은 언제나 공존 상태입니다. 빛이 사라지는 동시에 어둠이 그 자리에 있기 때문입니다.)

창조의 빛

창조의 빛 상상도

　하나님께서 설계하고 믿음을 가지고 말씀을 선포한 대로 빛이 생성되니 하나님이 좋으셨습니다. 지구 창조 1단계인 지구 창조 첫째 날, 하나님은 뜨거운 불덩어리 같고 중력이 강력한 빛을 창조할 이유가 있었습니다. 그것은 고체인 땅 성분을 액체(용암) 물질로 만들어서 앞에서 만들어진 모태와 충돌을 유발할 목적 때문이었습니다. 충돌이 있어야 하는 이유는 이로 인해 지구에 존재하는 각종 물질이 만들어지고 오늘날 지구의 모습을 갖출 수 있기 때문입니다.

2단계 - 지구 창조 둘째 날

6 하나님이 이르시되 물 가운데 궁창이 있어 물과 물로 나뉘라 하시고

7 하나님이 궁창을 만드사 궁창 아래의 물과 궁창 위의 물로 나뉘게 하시니 그대로 되리라

8 하나님이 궁창을 하늘이라 부르시니라 저녁이 되고 아침이 되니 이는 둘째 날이
   니라

하나님은 2단계로 둘째 날 빛의 중력을 이용하여 모태 의 물속에 잠
재된 땅 성분을 흡수하기 시작하였습니다. 먼저 땅 성분 가운데 자기력
에 잘 반응하는 철 성분이 빛으로 이동했을 것으로 추정합니다. 현재
지구 외핵과 내핵 성분이 철과 니켈로 추리되기 때문입니다.

지구 빛의 중력으로 땅 성분을 꾸준히 흡수하여 마침내 모태는 물 성
분만 남게 되므로 땅 성분과 나누어지게 되었습니다. 이때 지구의 땅
성분은 초고온으로 인해 액체 상태로 변화하게 되었는데 이를 성경에
서는 궁창 위의 물이라고 표현한 것으로 생각됩니다. 그리고 모태는 물
성분만 남게 되었는데 이를 궁창 아래의 물이라고 표현한 것이라 추정
하고 있습니다. 이렇게 하여 땅을 형성하는 뜨거운 물(액체 상태가 된
지구)과 바다를 형성하는 차가운 물(모태의 물 성분)로 나누어져 떨어
진 거리를 궁창이라 부르게 되었습니다.

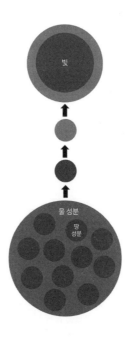

빛

물 성분

땅
성분

빛

초고온으로
액체가 된 지구

궁창

모태 - 물 성분

3단계 - 지구 창조 셋째 날

9 하나님이 이르시되 천하의 물이 한 곳으로 모이고 뭍(땅)이 드러나라 하시니 그
  대로 되니라

10 하나님이 뭍을 땅이라 부르시고 모인 물이 바다라 부르시니 하나님 보시기에
   좋았더라

11 하나님이 이르시되 땅은 풀과 씨 맺는 채소와 각기 종류대로 씨 가진 열매 맺
   는 나무를 내라 하시니 그대로 되어

12 땅이 풀과 각기 종류대로 씨 맺는 채소와 각기 종류대로 씨 가진 열매 맺는 나
   무를 내니 하나님 보시기에 좋았더라

13 저녁이 되고 아침이 되니 이는 셋째 날이니라

　하나님은 지구의 뜨거운 땅 성분과 모태의 차가운 물 성분을 하나로
합치기 위해 땅 성분과 물 성분의 충돌을 일으키셨습니다. 물리적으로
해석하면 뜨거운 땅 성체와 차가운 물 성체 간에 충돌이 어려웠을 것입
니다. 그러나 땅 성체의 뜨거웠던 온도는 땅 성분을 흡수하는 과정에서
열이 식었으며 이로 인하여 물 성체가 땅 성체의 중력권에 들어오면서
충돌이 발생한 것으로 추정할 수 있습니다.

충돌

    물 성체는 땅 성체의 남반구 지역과 충돌하였습니다. 현재 지구의 형
태를 보면 지구 남반구에 바닷물이 많이 차지하고 있으며 북부 지역에
육지가 많이 분포된 것으로 이와 같은 충돌을 추정할 수 있습니다. 강
력한 충격으로 액체 상태였던 땅 성분은 크고 작은 파편이 되어 중력권
안팎으로 떨어져 날아갔습니다. 그런 가운데 땅의 열이 물에 의해 지속
적으로 냉각되면서 맨틀이 형성되었습니다. 지상으로 떨어진 파편은 중
력에 의하여 다시 모이면서 맨틀 상부에 물과 함께 묻히게 되었습니다.
이 과정에서 지하에 장차 인간이 쓸 수 있는 자원이 만들어졌을 것으로
추정됩니다.

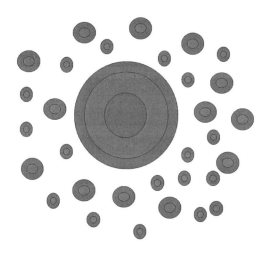

　강력한 충돌에 땅 성체는 6개의 조각으로 나누어져 현재의 6대륙이 되었습니다. 물렁한 용암 파편은 여러 모양으로 맨틀 위에 안착하였습니다. 물 성분은 땅의 열을 꾸준히 식히면서 물 원자 중 가벼운 원소는 지상으로 올라가 대기권이 만들어졌습니다. 또한 하늘로 올라간 수증기는 하늘에서 차가운 공기를 만나 빗물이 되어 내렸습니다. 계곡과 강이 만들어지며 충돌할 때 생긴 깊고 넓은 지형으로 물이 모여서 바다가 생성되었습니다. 이렇게 하여 마침내 하늘의 대기와 5대양 6대륙의 지구가 탄생하게 된 것입니다. 하나님은 설계한 모습대로 지구가 탄생하니 보시기에 좋으셨습니다.

냉각된 초기 지구의 모습은 창세기 2장 4~5절에 기록되어 있습니다.

4 이것이 천지가 창조될 때에 하늘과 땅의 내력이니 여호와 하나님이 땅과 하늘을
  만드시는 날에
5 여호와 하나님이 땅에 비를 내리지 아니하셨고 땅을 갈 사람도 없었으므로 들에
  는 초목이 아직 없었고 밭에는 채소가 나지 아니하였으며 안개만 땅에 올라와
  온 지면을 적셨더라

하나님은 이러한 땅에 풀과 각종 과일나무와 채소를 만들었습니다. 그리고 인간이 호흡하며 살 수 있는 산소를 생산하기 위해 풀과 나무를 만들었습니다. 하나님은 3단계 과정을 거쳐서 오늘날과 유사한 지구를 완성하셨던 것입니다.

4단계 - 지구 창조 넷째 날

14 하나님이 이르시되 하늘의 궁창에 광명체들이 있어 낮과 밤을 나누게 하고 그
   것들로 징조와 계절과 날과 해를 이루게 하라

15 또 광명체들이 하늘의 궁창에 있어 땅을 비추라 하시니 그대로 되니라

16 하나님이 두 광명체를 만드사 큰 광명체로 낮을 주관하게 하시고 작은 광명체
   로 밤을 주관하게 하시며 또 별들을 만드시고

17 하나님이 그것들을 하늘의 궁창에 두어 땅을 비추게 하시며

18 낮과 밤을 주관하게 하시고 빛과 어둠을 나뉘게 하시니 하나님 보시기에 좋았
   더라

19 저녁이 되고 아침이 되니 이는 넷째 날이니라

   하나님은 창조된 지구에 인간이 잘 살 수 있는 환경을 만들 계획으
로 지구의 자전과 공전을 위하여 달과 해와 별들을 창조하셨습니다. 달
은 지구를 자전하게 하는 역할을 하였으며 태양과 별들은 지구가 일정
한 궤도로 공전하게 하는 역할을 하기 위해 만들었습니다. 또한 지구가
23.5도 기울어 자전하도록 하여 계절과 징조가 일어나게 하셨습니다.
태양에서 발생하는 빛은 낮을 주관하여 인간이 살 수 있는 기온과 무한
한 에너지를 공급하게 하셨습니다. 달과 별들은 밤을 주관하고 하나님
의 영광을 나타내 보이셨습니다.
   하나님은 인간이 잘 살 수 있는 천지를 창조하시니 보시기에 좋으셨습니다.

5단계 - 우주 창조 다섯째 날

20 하나님이 이르시되 물들은 생물을 번성하게 하라 땅 위 하늘의 궁창에는 새가
    날으라 하시고

21 하나님이 큰 바다짐승들과 물에 번성하여 움직이는 모든 생물을 그 종류대로
    날개 있는 모든 새를 그 종류대로 창조하시니 하나님 보시기에 좋았더라

22 하나님이 그들에게 복을 주시며 이르시되 생육하고 번성하여 여러 바닷물에
    충만하라 새들도 땅에 번성하라 하시니라

23 저녁이 되고 아침이 되니 이는 다섯째 날이니라

　하나님은 자신이 만든 물에 하나님이 창조한 생물이 번성하도록 생물을 창조하셨습니다. 그러므로 지금까지 물이 없으면 모든 생물이 살 수 없는 것입니다. 물은 유기체들을 생성하는 데 중요한 중매자 역할을 할 뿐만 아니라 잉태자, 전달자의 역할까지 하고 있습니다. 이렇게 바다에 각종 물고기를 창조하시고 생육하며 번성하도록 복을 주셨습니다. 새들도 생육하며 번성하도록 복을 주셨습니다. 그리고 바다에서나 공중에서 충만하게 살 수 있도록 축복하셨습니다. 이에 따라 오늘날에도 이러한 생물들은 하나님이 주신 말씀에 따라 자연의 법칙에 순응하며 생육하고 번성하며 살아가고 있는 것을 볼 수 있습니다.

6단계 – 창조 여섯째 날

24 하나님이 이르시되 땅은 생물을 그 종류대로 내되 가축과 기는 것과 땅의 짐승을 종류대로 내라 하시니 그대로 되니라

25 하나님이 땅의 짐승을 그 종류대로, 가축을 그 종류대로, 땅에 기는 모든 것을 그 종류대로 만드시니 하나님이 보시기에 좋았더라

26 하나님이 이르시되 우리의 형상 따라 우리의 모양대로 우리가 사람을 만들고 그들로 바다의 물고기와 하늘의 새와 가축과 온 땅과 땅에 기는 모든 것을 다스리게 하자 하시고

27 하나님이 자기 형상 곧 하나님의 형상대로 사람을 창조하시되 남자와 여자를 창조하시고

28 하나님이 그들에게 복을 주시며 하나님이 그들에게 이르시되 생육하고 번성하여 땅에 충만하라 땅을 정복하라 바다의 물고기와 하늘의 새와 땅에 움직이는 모든 생물을 다스리라 하시니라

29 하나님이 이르시되 내가 온 지면의 씨 맺는 모든 채소와 씨 가진 열매 맺는 모든 채소와 씨 가진 열매 맺는 모든 나무를 너희에게 주노니 너희의 먹을거리가 되리라

30 또 땅의 모든 짐승과 하늘의 모든 새와 생명이 있어 땅에 기는 모든 것에게는 내가 모든 푸른 풀을 먹을거리로 주노라 하시니 그대로 되니라

31 하나님이 지으신 그 모든 것을 보시니 보시기에 심히 좋았더라. 저녁이 되고 아침이 되니 이는 여섯째 날이라

하나님께서 육지에 동물들과 기는 것을 만드시고 제일 마지막에 사람을 만드셨습니다. 이를 통하여 바다의 물고기나 각종 동물과 새, 과일나무와 식물 등 지상의 모든 것이 결국 인간을 위한 선물로 마련되었다는 사실을 알 수 있습니다. 이 모든 가운데 자연의 이치나 우주의 달과 해와 별들은 하나님이 주관하고 계신 것입니다. 이를 통하여 하나님이 천지 만물을 창조하신 이유가 최종적으로 인간을 위한 것이라는 사실을 알 수 있습니다.

하나님은 자기 형상을 따라 자기의 모양대로 우리가 사람을 만들자고 하셨습니다. 그렇게 하나님은 아담과 이브를 만드셨습니다. 그런데 또다른 하나님의 신들은 우리 형상대로 사람을 만들었다는 기록도 있습니다. 이를 통하여 사람들이 만들어졌으며 하나님은 사람에게 지구의 생물을 다스리는 권세를 주셨습니다. 그중 여호와 하나님이 만드신 아담과 이브는 낙원에서 살도록 터전을 주셨다는 사실을 유추해 낼 수 있습니다. 동물과 식물에게 이름을 짓고 다스리도록 하셨습니다.

하나님은 이들에게 낙원 중앙에 있는 선악과를 먹지 말라고 명하셨습니다. 그 과일을 먹으면 정녕 죽으리라고 하셨습니다. 그러나 인간은 하나님의 말씀을 어기고 선악과를 먹음으로써 에덴동산에서 쫓겨나게 되었습니다. 이후 하나님은 아담은 일을 하며 살게 하고 이브는 해산의 고통이 있는 삶을 살도록 하였습니다. 또한 죽음의 벌을 내리셨습니다.

창세기 2장

16 여호와 하나님이 그 사람(아담)에게 명하여 이르시되 동산 각종 나무의 열매는
네가 임의로 먹되

17 선악을 알게 하는 나무의 열매를 먹지 마라 네가 먹는 날에는 반드시 죽으리라

하나님이 만드신 인간의 족보는 아담으로부터 시작하여 노아, 아브라함, 다윗, 요셉, 예수님으로 이어지고 있다고 성경에 기록되어 있습니다. 이를 통하여 예수님이 하나님을 아버지라 부르시는 이유를 발견해낼 수 있습니다. 아들이 아버지로부터 만들어지듯 인간도 하나님으로부터 만들어졌기 때문입니다.

또한 하나님은 인간을 너무도 사랑하셨기 때문에 인간에게 부활의 영생을 주시기 위해 자신의 독생자 예수를 이 땅에 보내실 뜻을 세우셨습니다. 그렇게 예수님은 인간의 죄를 사하고 천국을 알리러 이 땅에 오신 것입니다. 그리고 예수님 이후에는 성령을 보내시어 이 땅에 천국 같은 세상을 만들라는 메시지를 나타내셨습니다. 이 땅에 과학을 발달하게 하여 천국을 경험하게 하므로 하나님을 향한 믿음을 더욱 굳세게 하려고 성령님을 보내셨던 것입니다. 그리고 2000년이 흐른 현시대에는 4차 산업 혁명을 통하여 천국이 있을 법한 세상이 이루어지고 있음을 알 수 있습니다.

이러한 죄 사함, 부활, 영생, 성령과 관련된 성경 구절은 다음과 같습니다.

죄 사함 - 마태복음 9장

5 네가 죄 사함받았느니라 하는 말과 일어나 걸어가라 하는 말 중에 어느 것이 쉽
 겠느냐

6 그러나 인자가 세상에서 죄를 사하는 권능이 있는 줄을 너희로 알게 하려 하노라

구원 - 요한복음 11장

25 나는 부활이요 생명이니 나를 믿는 자는 죽어도 살겠고

26 무릇 살아서 나를 믿는 자는 영원히 죽지 아니하리니

성령 - 요한복음 16장

7 내가 너희에게 실상을 말하노니 내가 떠나가는 것이 너희에게 유익하리라 내가
 떠나가지 아니하면 보혜사가 너희에게로 오시지 아니할 것이요 가면 내가 너희
 에게로 보내리라

　창세기에서 우리는 하나님이 첫째 날부터 여섯째 날까지 단계마다 '이르시되'라는 말씀을 하시는 것을 볼 수 있습니다. 이것은 하나님이 천지를 그분 홀로 만드신 것이 아니라 신들에게 명령하신 뜻으로 해석할 수도 있습니다. 여호와 하나님께서 모든 것을 설계하셨고 설계도에 따라 신들이 만물을 만들었다는 것이 저의 생각입니다. (이에 대해서는 더 깊은 천지 창조 이야기에서 그 이유를 증명해 보도록 하겠습니다.)

　지구 곳곳에 사는 동물이나 새들과 식물을 관찰해 보면 같은 '종'으로

분류되지만 열대 지역에 사는 동물과 식물도 그 지역의 환경에 적응하도록 만들어진 것을 볼 수 있습니다. 추운 기후에 사는 동물이나 식물도 추위에 잘 적응하며 살도록 생김새가 다른 것을 볼 수 있습니다. 이처럼 하나님의 창조는 참으로 세밀한 데까지 그 뜻을 깨닫게 하는 놀라움이 있습니다.

창세기 2장

1 천지 만물이 다 이루어지니라

2 하나님이 그가 하시는 일을 일 곱째 날에 마치시니 그가 하시던 모든 일을 그치시고 일곱째 날에 안식하시니라

3 하나님이 일곱째 날에 복되게 하사 거룩하게 하셨으니 이는 하나님이 그 창조하시며 만드셨던 모든 일을 마치시고 그날에 안식하셨음이니라. 아멘

천지 창조의 주제와 목적

이상에서 본격적 천지 창조 풀이를 하기 전 간략한 천지 창조에 대한 상상도를 다뤄보았습니다. 이것은 개역 성경에 기초한 것이며 이제부터 개역 성경에 번역되지 못한 원어 성경까지의 내용을 참고하여 조금 더 깊게 천지 창조 이야기를 풀어나가고자 합니다.

창세기 1장의 전체적 주제는 단순히 볼 때 '하나님의 천지 창조'로 보일 것입니다. 물론 표면적 내용은 그렇게 보이겠지만 이때의 천지 창조에 하나님 목적이 심어져 있음을 읽어 내는 것이 중요합니다. 하나님은

우연히 천지를 창조한 것이 아니라 어떤 목적에 의해 체계적으로 천지를 창조하고 있기 때문입니다.

그렇다면 천지를 창조하는 하나님의 목적은 무엇일까요? 그것은 인간에 대한 사랑과 관련이 있으며 인간이 이 땅에서 이룰 천국과 관련이 있습니다. 하나님은 자신이 가장 사랑하는 인간이 이 땅에서 천국(4차원)과 같은 세상을 누리며 살아갈 수 있게 지구를 설계하고 그에 맞게 지구 환경과 생물, 우주 등을 창조하셨던 것입니다.

그것은 처음 "땅이 혼돈하고 흑암이 깊음 위에 있고 하나님의 영은 수면 위에 운행하시니라, 그리고 빛이 있으라" 하는 창세기 1장 2~3절에서 힌트를 얻을 수 있습니다. 이후 모든 창조의 방향이 인간이 잘 살수 있도록 하는 데 초점이 맞춰져 있다는 사실에서도 알아낼 수 있습니다. 둘째 날, 하늘과 공기의 창조가 그렇고 이후 바다와 식물, 해와 달과 별, 동물의 창조가 모두 인간의 삶을 위해 창조된 것이라 볼 수 있다는 점에서 그렇습니다. 이 때문에 하나님은 각 날의 창조가 이루어지고 난 후에 '보시기에 좋았더라'를 반복하셨던 것입니다. 하나님이 설계한 대로 거시적 물질 세계가 창조되니 보시기에 좋으셨던 것입니다. 그런 점에서 창세기 1장의 주제는 '인간을 향한 하나님의 천지 창조'가 되면 정확하다고 볼 수 있을 것입니다.

창세기 1장에서 또 하나 눈여겨볼 것은 대칭 구조입니다. 첫째 날부터 여섯째 날까지의 천지 창조는 3일씩 나뉘어 서로 대칭되는 구조로 되어 있는데 다음과 같이 첫째 날과 넷째 날, 둘째 날과 다섯째 날, 셋째 날과 여섯째 날이 연결되는 구조로 이루어져 있습니다.

첫째 날의 빛 – 넷째 날의 태양, 달, 별

둘째 날의 하늘과 물 – 다섯째 날의 새와 수중 생물

셋째 날의 땅과 식물 – 여섯째 날의 육상 동물과 인간

이것을 통하여 우리는 지구에서 빛이 가장 중요하며 그 빛을 받고 존재하는 하늘, 물, 땅, 식물이 지구의 첫 번째 구성 요소로 중요하다는 걸 알 수 있습니다. 이것들이 있어야 동물들과 최고의 영장류인 사람이 생명을 영위하며 살아갈 수 있기 때문입니다. 무엇보다 빛은 어둠을 물리치기 위한 본질로서 중요한 위치를 차지하고 있습니다.

그리고 두 번째 구성 요소로 태양과 달과 별, 동물이 중요함을 알 수 있습니다. 태양과 달과 별은 빛과 연결된 실체적 에너지로서 중요한 역할을 하게 됩니다. 그리고 동물 또한 사람이 생존하는 데 필요한 것들이기 때문에 중요합니다. 이로써 하나님은 인간을 위한 천지 창조를 마무리하게 됩니다.

3. 더 깊게 살펴보는
6단계 천지 창조 풀이

준비 단계 : 창조의 꿈, 천지 창조의 모체 형성

이제 좀 더 깊게 천지 창조에 대한 과학적 설명에 들어가 보도록 하겠습니다. 먼저 창세기 1장 1절을 살펴보겠습니다.

1 태초에 하나님이 천지를 창조하시니라

여기서 태초에라는 말은 히브리어 원어 성경으로 '베레시트'입니다. 그런데 베레시트는 '태초에'라는 시간적 개념보다 '하나님의 집에 계신 하나님'이란 뜻의 존재적 개념이 더 강합니다. 여기서 하나님의 집은 3차원이 아닌 4차원 이상의 세계를 의미하므로 베레시트는 4차원 또는 그 이상의 차원에 존재하던 하나님이 천지를 창조할 계획을 갖고 있었음을 알 수 있게 합니다. 이런 기준으로 보면 창세기 1장 1절의 천지 창조는 이후에 펼쳐질 3차원 세계에서의 천지 창조와는 차이가 있다고 생각할 수 있습니다. 이때의 천지 창조는 지구 차원과는 다른 차원에서 이루어지는 모태의 창조라고 여길 수 있다는 것입니다. 여기서 말하는 '모태'란 아기가 만들어지는 자궁처럼 지구가 만들어지기 위한 바탕이 되는 어떤 것이라 할 수 있습니다. 아이가 태어나기 위해서는 어머니의 자궁이 있어야 하고 그림을 그리기 위해서는 배경이 있어야 합니다. 컵이 놓이기 위해서는 받침대가 있어야 하고 물질이 창조되기 위해서는 공간이 있어야 합니다. 이러한 어머니의 배나 배경, 받침대, 공간 등이 곧 모태에 해당한다고 생각하면 됩니다.

좀 더 구체적으로 이야기하자면 지구라는 물질체가 창조되기 위해서는 물질체가 만들어지기 위한 공간과 재료가 있어야 합니다. 공간과 재료가 있어야 그 안에서 물질이 창조될 수 있기 때문입니다. 이러한 바탕이 되는 창조가 곧 모태의 창조라고 여기는 것입니다.

하늘과 땅에 대한 이러한 모태의 창조는 당연히 미시 입자의 창조로부터 시작됩니다. 4차원 천국의 물질인 미시 입자로부터 원자가 만들어지고 이 원자가 모여 하늘과 땅의 모태가 만들어지는 것입니다. 따라서 이러한 모태의 창조 과정은 성경에서야 단지 한 문장으로 되어 있지만 영겁의 시간이 걸렸을 것으로 예상할 수 있습니다. 이렇게 창조된 모태에서의 하늘은 배경 공간의 역할을 하게 되고 땅은 어머니 자궁과 같이 모태로서의 역할을 하게 됩니다.

이제 창조의 준비 단계를 다시 정리하면 먼저 하나님이 인간과 하나되기 위한 꿈을 꾸었고 그 꿈에 따라 먼저 모태의 천지 창조를 시작하게 됩니다.

모태의 창조에서 중요한 것이 바로 '물'과 '땅'의 창조입니다. 물은 4차원의 입자로부터 만들어진 산소 원자와 수소 원자의 결합으로 만들어지게 됩니다. 물이 모태 창조에 포함되는 이유는 물이야말로 물질 세계의 차원에서 '생명'을 상징하는 중요한 존재이기 때문입니다. 그리고 중요한 것이 땅입니다. 땅은 주로 흙과 암석으로 이루어져 있는데 이 또한 흙과 암석을 이루는 원소들의 결합으로 만들어졌을 것입니다. 모태에서 땅 성분과 물 성분이 중요한 이유는 이후 있을 지구의 창조에 핵심적으로 쓰일 물질들이기 때문입니다. 성경에서는 이러한 모태의 모습을 창세기 1장 2절에서 다음과 같이 표현하고 있습니다.

2 땅이 혼돈하고 공허하며 흑암이 깊음 위에 있고 하나님은 영은 수면에 운행하시
   니라

이제 4차원에서 지구 창조를 위한 준비물로 만들어진 모태의 모습은 암흑의 우주 공간 아래에서 혼돈된 땅과 물로 뒤덮인 모습으로 상상할 수 있습니다. 이러한 흐르는 물 위에서 하나님의 영은 물덩어리 형체의 수면 위를 운행하시면서 앞으로 지구를 어떻게 창조할 것을 설계하셨을 것으로 추리합니다. 아마도 하나님의 영은 인간이 편히 살 수 있도록 하기 위해 지구에 하늘, 바다, 육지, 식물이 잘 자랄 수 있는 토양, 그리고 인간 생활에 필요한 금속 물질과 화학 물질 등을 만들기 위한 설계

를 하고 있지 않았을까요.

어쨌든 이때 물로 뒤덮인 땅으로 이루어진 모태는 이후에 펼쳐질 지구의 창조에 결정적인 역할을 하게 됩니다. 또한 모태가 어둠에서 시작하는 이유는 물질의 근원이 되는 입자 자체가 스스로 빛을 내는 존재가 아니라 암흑 입자일 수밖에 없기 때문이기도 하다는 생각을 하고 있습니다.

천지 창조의 1단계 : 빛의 창조(첫째 날)

드디어 창조 첫날에 빛의 창조가 시작됩니다.

3 하나님이 이르시되 빛이 있으라 하시매니 빛이 있었고
4 그 빛이 하나님의 보시기에 좋았더라 하나님이 빛과 어둠을 나누사
5 빛을 낮이라 부르시고 어둠을 밤이라 부르시니라 저녁이 되며 아침이 되니 이는 첫째 날이니라

하나님은 왜 첫날에 가장 먼저 빛을 창조하였을까요? 그것의 첫 번째 목적은 모태의 물 성분과 땅 성분을 나누고 충돌을 유발하여 지구의 모습을 완성하기 위함에 있다고 추정됩니다. 하나님은 결국 이 창조의 빛을 통하여 어둠 속에 쌓인 지구의 모습을 드러내게 됩니다.

그렇다면 빛이 창조된다는 것을 어떻게 과학적 현상으로 설명할 수 있을까요? 창세기 1장에서 하나님의 천지 창조는 철저히 지구 중심이며 사람 중심임을 기억해야 합니다. 따라서 첫날의 빛 창조 역시 우주

에서 나타나는 어떤 빛이 아니라 지구를 창조할 목적으로 만들어진 빛을 뜻한다고 봐야 합니다. 도대체 창조의 빛은 어떻게 나타나게 된 것일까요?

이것을 이해하기 전에 먼저 창세기에서 등장하는 창조의 개념에 대해 알아두는 것이 필요합니다. 창세기의 창조에 대한 원어는 '바라'입니다. '바라'는 일단 무에서 유가 만들어지는 창조와 관련이 있지만 그렇다고 우리가 상상으로 생각하는 것처럼 빛이 있어라 하니 빛이 뚝딱 생기고 물고기가 있어라 하니 물고기가 뚝딱 생기고 하는 그런 창조를 뜻하지는 않습니다. 대신 바람이 불어서 파도가 만들어지는 것처럼 어떤 원인에 의해 자연스럽게 결과적으로 일어나는 창조를 뜻하는 단어입니다. 즉, 바라는 우연히 일어나는 창조가 아니라 과학적 원인에 의해 결과적으로 일어나는 창조에 더 가깝습니다. 이제 우리는 이런 기준으로 빛의 창조에 대해서도 접근하는 것이 필요합니다.

빛은 그냥 만들어지는 존재가 아닙니다. 빛이 생성될 조건이 이루어져야 비로소 빛이 만들어지는 것입니다. 지구와 같은 행성이 만들어지기 위해서는 먼저 매우 작은 입자들이 뭉치는 현상이 일어나야 합니다. 물론 이 입자들은 앞에서 이미 만들어진 모태로부터 날아온 입자들에 의해 만들어졌을 것입니다.

이러한 입자가 뭉치고 뭉치면서 매우 큰 압력과 에너지가 만들어지게 됩니다. 이 응집된 에너지가 폭발하면서 빛이 나오게 되었다고 생각합니다. 이것은 스스로 발광하는 거대한 불덩어리가 되었을 것이며 강한 중력을 형성했을 것으로 보입니다. 이와 같은 강한 중력 때문에 모태의 땅 성분들이 먼저 지구 발광체로 끌려왔을 것으로 생각됩니다. 이리하여 지구는 점점 더 모습을 갖추어가게 됩니다. 반면 모태는 땅 성분을 거의 빼앗기고 물 성분만 남는 현상이 생기게 됩니다.

빛이 생성됨으로 인하여 어두웠던 우주 공간(모태의 하늘로부터 이미 만들어져 있는 공간)은 밝아졌고 이로 인해 지구와 모태 성체의 모습도 드러났을 것으로 추정할 수 있습니다. 이때 하나님은 지구의 발광체(창조의 빛)로부터 나가는 빛이 모태에 비쳐서 밝게 보이는 부분을 낮이라 하였고 어두운 반대 부분을 밤이라 하였던 것으로 예상됩니다. 왜냐하면 아직은 지구가 자전하기 전이라 지구 자체를 두고 낮과 밤을 구분할 수 없기 때문입니다.

천지 창조의 2단계 : 궁창의 창조(둘째 날)

하나님이 지구의 창조를 발광체(빛)로부터 시작한 이유는 강력한 중력을 이용하여 모태 성체의 물과 땅 성분을 분리하기 위함 때문이라고 볼 수 있습니다. 중력은 무거운 것부터 빨아들이므로 지구는 먼저 모태 성체의 금속성분부터 빨아들였을 것입니다. 아마도 이것이 현재 지구의 핵 부분을 형성했을 것으로 보입니다. 실제 지구의 핵 부분에는 철과 니켈 등의 금속 성분이 주를 이루고 있습니다.

다음으로 땅 성분 중 암석 성분을 빨아들였을 것입니다. 이러한 암석 성분은 지구 발광체의 높은 온도로 인해 고체에서 액체로 변하는 현상이 발생했을 것입니다. 이것이 현재 지구의 마그마 부분을 형성했을 것으로 보입니다. 지구의 마그마 부분은 암석 성분으로 구성되어 있습니다. 마지막으로 흙 성분을 흡수하여 지구의 지표 부분을 형성했을 것으로 보입니다. 이렇게 하여 지구는 점점 커져 갔고 이로 인해 높은 열은 점점 식어 갔을 것입니다. 그사이 모태의 땅 성분은 거의 없어지고 물만 남게 되어 땅 성분과 물 성분의 분리가 완전히 일어나게 되었습니다.

땅 성분으로 된 지구는 발광체의 열기로 인해 고체의 땅 성분이 액체의 땅 성분으로 바뀌게 되었습니다. 이때 하나님이 지구의 땅 성분을 액체로 바꾼 이유가 있었는데 그것은 지구에 여러 물질을 만들기 위해서는 물렁한 액체 상태가 더욱 용이했기 때문이라 볼 수 있습니다. 또한 나중에 물 성분만 남은 모태 성체와 충돌을 일으키게 되는데 이때를 대비하기 위한 목적도 있었다고 볼 수 있습니다.

이렇게 하여 액체 상태의 땅 성분으로 된 지구와 물 성분으로 된 모태 성체 사이에 궁창이 만들어지게 되었는데 이것이 곧 지구의 하늘이 되었습니다. 이것을 성경은 창세기 1장에서 다음과 같이 묘사하고 있습니다.

6 하나님이 이르시되 물 가운데 궁창이 있어 물과 물로 나뉘게 하리라 하시고

7 하나님이 궁창을 만드사 궁창 아래의 물과 궁창 위의 물로 나뉘게 하시니 그대로 되니라

8 하나님이 궁창을 하늘이라 부르시니라 저녁이 되며 아침이 되니 이는 둘째 날이니라

천지 창조의 3단계 : 육지와 바다의 창조(셋째 날)

 지구의 땅 성분(액체 상태)과 모태 성체의 물 성분은 서로 거리를 두고 떨어져 있었을 것입니다. 아직까지 땅 성분의 온도가 물 성분보다 훨씬 높았기 때문입니다. 하지만 지구의 땅 성분이 점점 식어 가면서 물 성분의 모태 성체가 점점 지구에 다가왔을 것으로 예상됩니다. 그리고 지구의 열이 더욱 식어감에 따라 결국 모태 성체가 지구의 자기장 영역권 내로 들어오면서 커다란 충돌이 발생하였을 것으로 추정됩니다. 그것은 창세기 1장 9절에서 '천하의 물이 한 곳으로 모이고'라는 유화적 표현으로 쓰이고 있지만 당시 두 성체의 충돌은 대단하였을 것으로 예상됩니다.

 마침내 물 성체와 땅 성체의 충돌이 일어났습니다. 충돌의 힘도 하나님의 치밀한 계산 속에서 일어났을 것입니다. 물 성체는 땅 성체의 남부를 강타하여 깊고 넓은 지형이 형성되었을 것이라 보입니다. 용암으로 변질된 땅은 큰 충격을 받아 6개의 큰 땅덩어리로 나누어지고, 또 크고 작은 땅 파편이 중력권 안팎으로 떨어져 나갔습니다.

 이로써 물 성체와 땅 성체가 하나로 결합되었습니다. 땅 성체 중심으로 중력권도 하나로 형성되었습니다. 물 성분은 뜨거운 지열을 냉각하였고 이때 물렁하게 되었던 땅 성분이 단단한 암석으로 굳어져 가게 되었습니다.

 한편, 충돌로 인해 공중으로 떠올랐다가 지각으로 떨어지던 파편은 여러 모양의 지질을 형성하기 시작했습니다. 한편, 충돌로 인하여 중력권 밖으로 떨어져 나간 큰 파편들은 오늘날 달을 만든 것으로 추정됩니다.

물과 땅이 합쳐지면서 차가운 물은 뜨거운 땅을 열심히 냉각하기 시작하였습니다. 하나님은 뜨거운 용암을 식히는 과정에서 암석질 및 각종 물질을 만들었습니다. 예를 들어 석유나 석탄, 금속 물질 등 각종 원소로 이루어진 지하자원이 이때 만들어진 것으로 추리됩니다. 또 질소, 일산화탄소, 아르곤, 산소 등의 가벼운 물질도 만들어져 지상으로 떠올라 대기층을 형성하였을 것입니다.

한편, 지열이 가장 뜨거울 때 가벼운 흙, 모래 먼지 등이 발생하여 지상 높이 뜨게 되었습니다. 물은 지구 중심부까지 냉각하지 못하고 두꺼운 암석질의 맨틀을 만들어 내었습니다. 맨틀보다 더 깊은 곳은 마그마 상태의 외핵이 되었으며 태초에 창조된 빛(핵)은 내핵으로 되어 지구 중심에 자리하게 되었습니다.

충돌하면서 떨어진 크고 작은 땅 파편들은 맨틀 위에 안착하여 지각층이 되었으며 마침내 지표면은 올록볼록한 형상으로 굳어져 갔습니다. 지열이 식어 가므로 하늘에 떠 있던 흙, 모래, 먼지 등이 다시 지표면으로 떨어져 식물이 잘 자랄 수 있는 토양질이 되었습니다.

물은 땅 성분의 열을 식히는 과정에서 지하의 암석 속으로 들어가거나 증발 등의 반응으로 인해 그 양이 점점 줄어들게 되었습니다. 물의 양이 줄어들자 육지가 그 모습을 드러내었으며 충돌할 때 생긴 넓고 깊은 지역으로 물이 몰려들면서 바다가 형성되었습니다. 이로써 오늘날 5대양 6대주의 모습이 드러나게 되었습니다.

가벼운 원소인 산소와 질소 등은 하늘에 떠서 대기권을 형성하게 되었습니다. 물은 높은 곳에서 낮은 지역으로 흘러가면서 계곡과 강을 만들어 냈습니다.

한편, 지구가 냉각된 후 대기는 질소와 일산화탄소가 대지를 덮고 있었고 아직까지 산소는 충분하지 않았을 것으로 예상됩니다. 이에 하나님은 풀과 채소, 나무를 지면에 창조하셔서 산소를 충분히 배출하여 지구 대기에 산소가 더 많아지도록 하셨습니다. 이것은 미래에 동물이 호흡하고 먹고살 수 있도록 환경을 조성하기 위한 하나님의 계획이었습니다.

여기에서 두 가지 의문이 생길 수 있는데 첫 번째는 뜨거운 땅 성체와 차가운 물 성체 간에 어떻게 충돌이 일어날 수 있을까, 하는 부분입니다. 물리적으로 해석하면 어려운 문제가 됩니다. 그러나 두 성체는 모두 중력이 있었고 자기장이 흐르고 있었기 때문에 가능성은 충분히 있습니다. 처음에는 발광체(창조의 빛)에서 뿜어내는 높은 열기에 두 성체가 떨어져 있었지만 땅 성분을 흡수함에 따라 발광체(창조의 빛)의 열이 식어 갔습니다. 이로 인해 두 성체 간의 거리가 가까워지고 서로가 점점 중력권(자기장 영역권) 내에 들어오면서 충돌이 발생하였을 것으로 추리됩니다.

두 번째는 어떻게 물이 수천℃나 되는 땅의 열을 냉각할 수 있을까, 하는 부분입니다. 지구의 높은 열을 식힐 수 있었던 것은 물과 땅이 하나의 중력을 가지게 되었을 때입니다. 물리적으로 물은 100℃가 되면 끓어서 기체로 변하지만 수증기는 차가운 공기를 만나면 다시 비가 되어 지면으로 떨어지게 됩니다. 이러한 반복 작용이 일어나면서 지구의 높은 지열을 지속으로 냉각할 수 있었던 것으로 생각됩니다.

이로써 지구는 점차 완성된 모습을 드러내 보이게 되었습니다. 지구의 표면은 70% 바닷물과 30% 육지 형태가 되었고, 지구의 내부는 내핵, 외핵, 맨틀, 지각층으로 구성되었습니다. 그리고 지구의 공중에는 하늘이 펼쳐지게 되었던 것입니다. 이것을 성경에서는 다음과 같이 기록하고 있습니다.

9 하나님이 이르시되 천하의 물이 한곳으로 모이고 뭍이 드러나라 하시니 그대로 되니라
10 하나님이 뭍을 땅이라 부르시고 모인 물을 바다라 부르시니라 하나님의 보시기에 좋았더라

하나님은 이렇게 만들어진 육지에 식물이 자라게 하십니다. 물론 이때의 식물도 그냥 뚝딱 만들어진 것이 아니라 천국의 입자로부터 시작하여 원자, 유전자, 세포 단계를 거쳐 만들어진 식물입니다. 하나님의 치밀한 천지 창조 계획에서 3일째에 식물을 등장시키는 이유는 빛으로부터 시작된 창조의 1단계를 생명체로 마무리짓기 위함으로 보입니다. 빛으로 땅과 바다를 만들었고 이제 이 땅에 생명체의 씨앗을 탄생시키는 것은 자연스러운 창조의 과정으로 보입니다. 이 식물이 있어야 동물도, 궁극적으로 사람도 생명을 이어받아 살 수 있게 됩니다. 이러한 식

물의 창조에 대해 성경은 창세기 1장에 다음과 같이 묘사하고 있습니다.

11 하나님이 이르시되 땅은 풀과 씨 맺는 채소와 각기 종류대로 씨 가진 열매 맺
　 는 나무를 내라 하시니 그대로 되어

12 땅이 풀과 각기 종류대로 씨 맺는 채소와 각기 종류대로 씨 가진 열매 맺는 나
　 무를 내니 하나님의 보시기에 좋았더라

13 저녁이 되며 아침이 되니 이는 셋째 날이니라

천지 창조의 4단계 : 지구로부터 우주 확장 – 해, 달, 별의 창조(넷째 날)

지금까지 과학자들이 밝혀낸 우주론은 우주가 먼저 탄생하고 이후에 태양계와 지구가 형성되었다고 합니다. 하지만 성경에서는 이와 반대의 창조 과정에 대해 이야기하고 있습니다. 지구가 먼저 만들어지고 다음에 태양과 달, 그다음에 별이 만들어졌다고 이야기하고 있는 것입니다. 성경에서는 그 과정을 다음과 같이 이야기하고 있습니다.

14 하나님이 이르시되 하늘의 궁창에 광명체들이 있어 낮과 밤을 나뉘게 하고 그
　 것들로 징조와 계절과 날과 해를 이루게하라

15 또 그 광명체들이 하늘의 궁창에 있어 땅을 비추라 하시니 그대로 되니라

16 하나님이 두 광명체를 만드사 큰 광명체로 낮을 주관하게 하시고 작은 광명체
　 로 밤을 주관하게 하시며 또 별들을 만드시고

17 하나님이 그것들을 하늘의 궁창에 두어 땅을 비추게 하시며

18 낮과 밤을 주관하게 하시고 빛과 어둠을 나뉘게 하시니 하나님 보시기에 좋았더라

19 저녁이 되며 아침이 되니 이는 넷째 날이니라

과연 과학자가 말하는 빅뱅론이 맞을까요, 하나님의 창조가 맞을까요? 저는 성경의 하나님께 손을 들어주고 싶습니다. 그것은 전체적인 하나님의 창조 계획이 지구와 인간에 중심이 맞춰져 있고 그 지구의 환경을 조성하기 위해 태양과 달, 우주를 만들었다는 것이 과학적으로도 타당하다고 생각되기 때문입니다.

이제 지구가 어느 정도 모양을 갖추게 되었지만 아직 인간이 살기 위해 필요한 환경은 완전히 갖추어지지 않은 상태였습니다. 무엇보다 지구 자체의 온도가 낮아지면서 에너지가 부족하게 되었습니다. 이에 지구의 식물에 에너지를 공급해 주기 위한 장치가 필요하게 되었습니다. 그래서 하나님이 생각해 낸 것이 바로 태양의 창조였습니다.

태양의 탄생에 대한 과학의 이론은 우주 먼지가 모여 만들어진 우주 가스(주로 수소와 헬륨으로 이루어진)의 응집 때문이라고 이야기하고 있습니다. 물론 이 우주 가스는 먼 우주의 은하로부터 날아온 가스라고 이야기합니다. 하지만 저는 이러한 우주 먼지와 우주 가스가 지구의 창조처럼 하나님의 태양 창조 계획에 의해 4차원에서 온 입자로 인해 만들어진 물질이라고 생각하고 있습니다.

어쨌든 이러한 과정에 의해 계속 날아오는 우주 가스에 의해 우주 먼

지가 쌓이고 뭉치면서 점점 커져 우주 구름을 만듭니다. 그리고 이 구름은 질량이 커지면서 수축 현상이 일어나고 밀도가 극도로 높아지면서 중심의 온도가 높아지게 됩니다. 이러한 초고온 상태의 중심에서는 이제 수소 원자의 이온화 현상이 일어나게 됩니다. 수소 원자의 이온화란 수소 원자핵과 전자가 분리되는 현상을 말합니다. 이렇게 나누어진 수소의 원자핵은 다른 수소의 원자핵과 핵융합 반응을 일으키며 엄청난 에너지를 발산하게 됩니다. 우리가 익히 알고 있는 핵폭탄이 바로 이런 원리로 만들어지는데 태양의 중심에서는 이런 핵폭탄급 반응들이 무수히 일어나 오늘날 스스로 빛과 열을 내는 태양이 된 것입니다.

이제 태양은 지구의 생명체에게 에너지를 공급하기에 부족하지 않은 항성으로 자리매김하게 되었습니다. 하지만 지구에 생명체가 살아가기 위해서는 단지 에너지만 필요한 것은 아니었습니다. 성경의 내용에 나오는 것처럼 시간을 가늠하기 위한 밤과 낮, 그리고 사시(계절)와 일자(날)와 연한(년)이 필요했습니다. 이를 위해서는 지구의 자전과 공전이 필요합니다. 이 중 지구의 공전을 위해서는 반드시 지구보다 훨씬 큰 중력을 가진 항성이 필요했습니다. 그래서 하나님은 지구를 위해 태양을 만드신 것이었습니다.

그렇다면 지구는 어떤 원리로 태양 주위를 타원형으로 공전할 수 있게 된 것일까요? 한 성체가 다른 성체와 일정한 거리를 두고 그 성체 주위를 돌기 위해서는 3가지 조건이 맞아떨어져야 합니다. 바로 질량과 거리와 속도입니다. 지구가 태양 주위를 공전하기 위해서도 이 3가지가 맞아떨어져야 합니다. 먼저 지구와 태양의 질량비가 맞아떨어져야 하고 지구와 태양 사이의 거리가 맞아떨어져야 하며 마지막으로 태양 주위를 도는 지구의 속도까지 맞아떨어져야 합니다. 그런데 기가 막히게도 지구와 태양 사이에는 이 3가지가 정확히 맞아떨어져 지구는 안전하게 태양 주위를 공전할 수 있게 된 것입니다. 저는 이 3가지 조건이 정확히 맞아떨어지게 하는 데 별들의 존재가 큰 역할을 한다고 생각하고 있습니다. 즉, 태양은 지구의 공전을 유도하지만 별들의 존재가 있어야 정확한 타원형의 공전 궤도가 만들어질 수 있다는 것입니다. 이것은 놀라운 하나님의 섭리라고 하지 않을 수 없습니다. 지구는 자신의 질량보다 33만 배 높은 태양과 1억5천만 킬로미터 떨어진 곳에서 초속 30킬로미터의 속도로 공전하고 있으니 말입니다.

다음으로 해결해야 할 문제가 지구의 자전입니다. 자전을 해야 낮과 밤이 생기기 때문입니다. 현재까지 지구의 자전에 대한 과학의 가설은 초기 지구가 중력으로 우주의 소행성체들을 흡수하는 과정에서 충돌을 일으킬 때의 마찰력 때문이라고 추정하고 있습니다. 물론 이러한 힘 때문에 초기의 회전력이 생길 수는 있다고 생각됩니다. 하지만 지구의 자전은 영구 기관처럼 시속 1,300킬로미터의 속도로 변함없이 돌고 있습니다. 외부에서 가해지는 어떤 힘이 없는 한 이런 일은 일어날 수 없습니다.

저는 오랜 연구 끝에 지구 자전의 비밀에 달이 관여하고 있다는 결론에 이르렀습니다. 이 부분에 대해서는 뒤의 영구 기관을 다루는 부분에서 더 자세히 이야기할 것입니다. 어쨌든 하나님께서는 지구의 자전을 위해 달을 창조할 계획을 세우십니다. 그렇다면 달은 도대체 어떻게 만들어질 수 있었던 것일까요?

과학적 연구에서 달은 지구의 파편이 떨어져 나가 만들어진 것으로 추정하고 있습니다. 앞에서 지구와 모태 성체의 충돌 이야기를 했는데 아마도 이때 떨어져 나간 큰 파편들이 모여 달이 만들어졌을 것으로 이해됩니다. 이제 달은 지구와 태양의 관계처럼 지구를 중심으로 공전을 일으키게 됩니다. 그러면서 지구와 서로 중력을 주고받는 관계를 일으키는데 이때 달과 지구는 서로의 중력으로 영향을 미치며 지구는 멈추지 않고 계속하여 자전을 할 수 있는 것으로 생각하고 있습니다. 이에 대해서는 영구 기관 부분에서 더 자세히 설명하도록 하겠습니다.

이제 마지막으로 별의 창조에 대해 이야기할 차례입니다. 이제 지구의 환경이 어느 정도 갖춰진 것 같은데 왜 또 별의 창조가 필요했을까요? 저는 별의 창조에 대한 이유를 알아보고자 했으나 이에 대해서는 아직까지 과학계에서도 그 이유를 말하지 못하고 있는 상태라는 사실을 알게 되었습니다. 단지 우주가 있으니 그 모양과 상태를 관찰하고 있는 수준에 머물러 있는 것입니다. 그도 그럴 것이 우주가 워낙 광대하니 인간의 힘으로 그 우주를 다 알아낸다는 것은 거의 불가능한 도전이라고 볼 수도 있습니다.

현재까지 밝혀진 우주는 약 1천억 개의 은하가 있고 이 중 1개의 은하에만 1천억 개 이상의 별들이 존재한다고 알려져 있습니다. 그중 우리 태양계는 우리 은하라는 곳에 속해 있으며 그것도 우리 은하의 중심이 아니라 중심에서 무려 2만6천 광년이나 떨어진 곳에 위치해 있다고 합니다. 이런 상황이라면 하나님께서는 왜 이런 우주를 창조하셨는지 궁금하지 않을 수 없습니다. 저는 오랫동안 이 이유를 밝히고자 했으나 명확한 답을 찾아내지 못하고 있는 상태입니다. 훗날 뛰어난 과학자가 나타나서 우주의 존재 이유를 밝혀 주리라 믿습니다.

놀라운 것은 우리 태양계 역시 우리 은하의 중심을 상대로 공전하고 있다는 사실입니다. 그것도 지구를 포함한 태양계의 모든 성체들을 데리고 함께 공전하고 있다니 놀랄 수밖에 없습니다. 또한 태양계의 공전은 지구처럼 수평면을 이루며 공전하는 것이 아니라 파동의 모양처럼 상하로 움직이며 공전하고 있다고 합니다. 이것이 맞다면 지구 역시 태양과 함께 우리 은하를 중심으로 공전하고 있는 셈이 됩니다. 게다가 태양 역시 지구처럼 자전을 하고 있습니다. 뿐만 아니라 태양계의 행성들 역시 자전과 공전을 하고 있습니다.

우주의 모양을 좀 더 크게 보면 아마도 우리 은하 역시 자전과 공전을 하고 있을지 모릅니다. 이렇게 보면 우주는 우리의 상상을 벗어날 정도로 광대하지만 전체 우주가 거대한 시스템 속에 서로 묶여서 함께 자전과 공전 등의 운동을 하고 있을 것으로 추측됩니다. 이것이 사실이라면 뭔가 별과 우주의 존재 이유를 어렴풋이 알 수 있게 됩니다. 그것은 첫째, 영구 기관과 관련된 어떤 것이라 할 수 있습니다. 즉, 우주의 천체들은 서로 영향을 주고받아야 비로소 끊임없이 멈추지 않고 움직일 수 있다는 사실입니다. 태양계의 힘만으로는 끊임없이 움직이는 운동을 할 수 없기에 우리 은하와 연결되고 우리 은하 역시 다른 중심 은하와 연결되어야 끊임없이 움직일 수 있기 때문에 이렇게 우주의 천체들이 필요하지 않았을까, 하는 추측입니다.

둘째로 우주의 균형과 질서 때문이라고 추측할 수 있습니다. 만약 움직이지 않고 가만히 있는 지구를 상상해 보세요. 어떤 일이 일어날까요? 지구는 절대 그 자리에 있지 못하고 궤도를 이탈하고 말 것입니다. 우주의 미아가 되거나 다른 별이나 행성과 충돌하여 폭파될지도 모릅니다. 이 문제를 해결하기 위해 하나님은 전 우주의 별과 행성들을 묶어 서로 영향을 주고받으며 돌아가도록 시스템을 갖춘 것입니다. 그런 점에서 별의 존재는 지구와 태양계에게 너무도 고마운 존재라 하지 않을 수 없습니다. 하나님은 아마도 이런 이유 때문에 별들까지 창조했을 것이라 생각됩니다. 이에 대해서는 좀 더 훌륭한 과학자의 증명이 필요할 것입니다.

이렇게 하여 넷째 날 해와 달과 별들의 창조가 이루어졌습니다. 해(태양)를 창조하여 우주를 밝게 하고 지구를 비추어 따뜻한 열을 공급하며 또한 달을 만들어 지구를 자전하게 하므로 밤과 낮을 일으켜 이때부터 인간의 시간이 시작될 수 있게 해주었습니다. 또 지구를 23.5도 기울어진 상태에서 태양을 중심으로 공전을 하게 하므로 계절과 기후가 변하도록 하였습니다. 그리고 별들을 창조하여 태양도 자전과 공전을 하게 만들므로 우주의 성체들 사이에 운동의 균형을 만들어 성체들이 떨어져 나가거나 충돌하지 않고 질서 있게 돌아가도록 만들어 주었습니다. 이 모든 것이 하나님의 과학적 계산에 의해 한 치의 오차도 없이 돌아가도록 만든 하나님의 창조 섭리가 숨어 있는 것입니다.

천지 창조의 5단계 : 물고기와 새 창조(다섯째 날)

성경의 기록에 의하면 하나님은 다섯째 날에 물에서 살 생물들과 하늘에서 날 새들을 만드셨습니다. 이에 대해 성경은 창세기 1장에 다음과 같이 기록하고 있습니다.

20 하나님이 이르시되 물들은 생물을 번성케 하라 땅 위 하늘의 궁창에는 새가 날
   으라 하시고
21 하나님이 큰 물고기와 큰 바다 짐승들과 물에서 번성하여 움직이는 모든 생물
   을 그 종류대로, 날개 있는 모든 새를 그 종류대로 창조하시니 하나님의 보시
   기에 좋았더라
22 하나님이 그들에게 복을 주어 이르시되 생육하고 번성하여 여러 바닷물에 충
   만하라 새들도 땅에 번성하라 하시니라
23 저녁이 되며 아침이 되니 이는 다섯째 날이니라

자연을 보고 있노라면 바다에 사는 각종 물고기나 각종 새들이 생육하고 번성하며 사는 모습을 엿볼 수 있습니다. 이러한 모습은 성경에서 하나님이 "생육하고 번성하라"고 명령한 내용과 완전히 일치합니다. 그

런 점에서 물고기와 새들은 하나님 말씀에 순종하며 살고 있다고 볼 수 있습니다.

작은 물고기는 큰 물고기에 먹히므로 그 개체 수를 많이 번성하여 존속을 보존하려고 합니다. 새들도 새끼를 낳고 자기 새끼를 잘 자라도록 쉴새 없이 먹이를 찾아다니는 모습도 엿볼 수 있습니다. 이처럼 모든 물고기와 새들이 "생육하고 번성하라"라는 하나님의 말씀에 순종하며 살고 있는 모습에서 많은 것을 배우게 됩니다.

다섯째 날의 창조는 식물을 제외한 최초의 물에 사는 생물과 동물에 대한 창조 기록이라 주목할 필요가 있다고 생각됩니다. 여기에서 우리는 진화론자들의 주장을 살펴볼 필요가 있습니다. 진화론은 학교에서도 가르치고 있을 만큼 과학적으로 인정을 받은 이론입니다. 그러나 진화론 역시 하나의 이론에 불과하므로 여러 가지 모순도 동시에 안고 있는 문제가 있기도 합니다.

진화론에 의하면 지구 상의 생물은 다음과 같은 순서로 나타났을 것으로 추정하고 있습니다.

단세포 생물(박테리아 등) → 다세포 생물

무척추동물 → 척추동물

어류 → 양서류 → 파충류 → 조류 → 포유류 → 인간

진화론자들은 최초의 생물이 바다에서 시작되었을 것으로 보고 있습

니다. 식물을 제외하면 이것은 성경의 기록과 어느 정도 일치합니다. 단세포 생물이 다세포 생물로 진화하였을 것으로 보고 있고 무척추동물이 척추동물로 진화하였을 것으로 보고 있습니다. 동물의 경우 무척추동물과 같은 형태로 바다에서 시작되었을 것으로 보고 있고 최초의 척추동물이 어류에서 나타났을 것으로 보고 있습니다. 이 어류가 진화하여 양서류가 되었을 것으로 추정하며 양서류가 파충류로 진화했을 것으로 추정하고 있습니다. 파충류는 조류로, 조류는 포유류로 진화하였으며 결국 포유류가 진화를 거듭하면서 영장류인 인간이 탄생하였을 것으로 보고 있는 것입니다.

진화론에 대한 비판은 종 사이의 진화는 불가능하다는 과학적 사실에서 나타나고 있습니다. 예를 들어 단세포생물에서 다세포생물이 생길 수 없으며 무척추동물에서 척추동물이 생길 수 없다는 것입니다. 마찬가지로 어류에서 양서류가 생길 수 없으며 양서류에서 파충류가 생길 수 없다는 것입니다.

과연 진화론의 주장이 맞을지, 반대파의 주장이 맞을지는 아직 밝혀지지 않은 상태입니다. 아직은 둘 다 명확한 증거를 제시하지 못한 채 그저 주장에 머무르고 있기 때문입니다. 몇 가지 증거를 제시하고 있으나 반대 증거도 만만치 않게 제시되고 있는 상황입니다.

저는 이 부분에 대해서도 고민해 봤습니다. 이럴 때는 성경의 기록에 충실하는 것이 가장 좋은 방법이 될 수 있습니다. 성경의 기록에는 분명히 하나님께서 각각의 종을 만든 것으로 나와 있습니다. 이것을 과학적으로 추리하면 답을 얻을 수 있다고 생각됩니다. 즉, 하나님은 창조와 진화의 방법을 모두 사용하여 각각의 동물과 식물을 창조했다는 가설입니다.

성경의 기록을 보며 사람들은 생물의 창조 역시 '금 나와라 뚝딱' 하는 방식으로 만들어졌을 것이라 생각하기 쉽습니다. 하지만 저는 생물의 창조는 무생물 물질의 창조보다 더욱 복잡한 방식으로 오랜 시간에 걸쳐 창조가 일어났을 것으로 생각하고 있습니다.

이것은 마치 원자를 모아 분자를 만들고 분자를 모아 물질을 만드는 방식과 흡사하게 이루어졌을 것이라 생각할 수 있습니다. 처음에 유전자부터 시작하여 단세포 생물을 만들고, 또 이것을 재료로 하여 다세포 생물을 만들었을 것으로 추정할 수 있습니다. 즉, 각기 다른 원소를 재료로 각각 다른 물질을 만드는 것처럼 생물과 동물도 그렇게 만들어졌을 거란 이야기입니다. 이러한 과정이 이루어지기 위해서는 창조의 개념도 있어야 하고 진화의 개념도 포함되어야 할 것입니다. 즉, 하나님께서는 창조와 진화를 섞는 방법으로 지구 상에 수십만 종의 생물을 창조하셨을 것으로 생각됩니다.

현재 지구 상에는 18만 종 이상의 생물이 살아가고 있으며 이러한 종은 없어지기도 하고 새로 생겨나기도 하는 상태라고 합니다. 창조와 진화의 원리가 동시에 적용되기 때문에 나타나는 현상이라고 볼 수 있습니다.

여기에서 생기는 의문은 하나님께서 왜 이렇게 다양한 종의 생물을 만드셨는가 하는 부분입니다. 이에 대하여 과학자들은 생물의 종이 다양할수록 생태계가 건강하게 유지될 수 있다고 합니다. 이것은 우리 인간을 볼 때 쉽게 이해할 수 있습니다. 한 집단에 속한 사람들의 힘이 평균적이라면 그 집단은 생존할 가능성이 낮아집니다. 왜냐하면 그 힘보다 더 큰 힘을 가진 개체가 나타나면 바로 정복당할 수 있기 때문입니다. 하지만 한 집단에 속한 사람들이 다양한 힘을 가졌다면 그 집단은 생존할 가능성이 높아집니다. 그중에 힘센 사람이 살아남아 그 집단을 지킬 수 있기 때문입니다. 이와 같은 원리로 생물의 다양성은 생태계에 영향을 미쳐 그 생태계를 건강한 방향으로 진화하도록 돕는 역할을 합니다. 이런 사실을 볼 때 우리는 하나님의 놀라운 섭리 앞에 또 한 번 감탄하게 됩니다.

천지 창조의 6단계 : 육상 동물과 인간의 창조(여섯째 날)

이제 하나님의 창조가 막바지에 달한 듯합니다. 하나님은 모든 조건이 갖추어진 상태에서 마지막으로 육상 동물과 인간을 창조하게 됩니다.

24 하나님이 이르시되 땅은 생물을 그 종류대로 내되 가축과 기는 것과 땅의 짐승을 종류대로 내라 하시니 그대로 되리라

25 하나님이 땅의 짐승을 그 종류대로, 가축을 그 종류대로, 땅에 기는 모든 것을 그 종류대로 만드시니 하나님의 보시기에 좋았더라

26 하나님이 이르시되 우리의 형상을 따라 우리의 모양대로 우리가 사람을 만들고 그로 바다의 물고기와 공중의 새와 가축과 온 땅과 땅에 기는 모든 것을 다

스리게 하자 하시고

27 하나님이 자기 형상 곧 하나님의 형상대로 사람을 창조하시되 남자와 여자를 창조하시고

28 하나님이 그들에게 복을 주시며 그들에게 이르시되 생육하고 번성하여 땅에 충만하라, 땅을 정복하라, 다의 물고기와 공중의 새와 땅에 움직이는 모든 생물을 다스리라 하시니라

29 하나님이 이르시되 내가 온 지면의 씨 맺는 모든 채소와 씨 가진 열매 맺는 모든 나무를 너희에게 주노니 너희 식물이 되리라

30 또 땅의 모든 짐승과 공중의 모든 새와 생명이 있어 땅에 기는 모든 것에게는 내가 모든 푸른 풀을 먹을거리로 주노라 하시니 그대로 되니라

31 하나님이 그 지으신 모든 것을 보시니 보시기에 심히 좋았더라 저녁이 되며 아침이 되니 이는 여섯째 날이니라

여섯째 날의 창조는 진화론의 주장과 거의 일치해 보입니다. 진화론에 의하면 육상 동물이 출현한 후 진화의 과정을 거쳐 원숭이에서 사람의 탄생으로까지 설명하고 있기 때문입니다. 여기에서 주목할 점은 동물의 창조와 인간의 창조 사이에 보이는 차이점에 관한 것입니다. 모두가 알고 있는 대로 인간은 모든 동물과 달리 지능이 매우 뛰어나며 영적인 능력까지 나타내는 경우가 있습니다. 그 이유에 대해 과학자들은 설명하지 못하고 있지만 성경에서는 이를 잘 설명하고 있습니다. 그것은 바로 하나님의 형상을 따라 사람이 만들어졌기 때문입니다.

하나님의 형상을 따라 사람이 만들어졌다는 것은 무엇을 뜻할까요? 여기서 형상이란 외적 모양(형)과 내적 모양(상)을 뜻한다고 할 수 있습니다. 이것은 인간의 외적 아름다움이 하나님을 닮게 만들어졌다는 것이고 내적 마음도 하나님을 닮게 만들어졌다는 것을 뜻합니다. 인간이 모든 동물 중에 가장 뛰어난 이유는 바로 이 때문인 것입니다.

여기에서 또 하나 주목할 것은 인간이 다른 동물에 비해 영적인 동물이란 점입니다. 동물은 혼과 육이 있지만 인간은 혼과 육에 더하여 영까지 있습니다. 이에 대해서도 성경에서는 창세기 2장 7절에서 그 이유를 제시하고 있습니다.

여호와 하나님이 흙으로 사람을 지으시고 생기를 그 코에 불어넣으시니 사람이 생령이 된 지라(창세기 2:7)

즉, 인간은 하나님의 영을 유전 받았기에 영적인 동물이 되었던 것입니다. 그렇다면 하나님은 왜 인간에게만 이런 특권을 주었던 것일까요? 사실 이것에는 천지 창조와도 관련된 엄청난 의미가 숨어 있기에 우리는 천지 창조의 원대한 계획 속에서 인간의 창조를 바라보는 시각이 필요합니다. 하나님은 왜 천지를 만들 계획을 세웠던 것일까요? 그것은 바로 인간을 위해서라는 사실이 성경의 기록에서 하나하나 밝혀지고 있습니다.

먼저 밝음과 어둠의 양면성을 동시에 가진 인간에게 무엇보다 필요한 것은 빛입니다. 빛이 있으라 하니 암흑 공간이 생동하기 시작했던 것처럼 빛은 인간의 어두운 면을 정화하는 데 꼭 필요한 것입니다. 그런데 성경에 등장하는 빛은 세 종류의 빛으로 나타나고 있습니다. 첫째는 창조의 빛이요, 둘째는 하늘에 떠 있는 태양 빛이며, 셋째는 생명의 빛입니다.

창조 첫째 날에 등장하는 빛은 당연히 창조의 빛이며 넷째 날에 등장하는 태양이 태양 빛에 해당합니다. 그 외 성경 요한복음에서는 예수님을 생명의 빛이라 표현하고 있습니다.

예수께서 또 일러 이르시되 나는 세상의 빛이니 나를 따르는 자는 어둠에 다니지 아니하고 생명의 빛을 얻으리라(요한복음 8:12)

빛 중에서 태양 빛이 육체에 생명을 주는 것처럼 예수님은 우리 영혼에 생명의 빛을 비추어 우리 영혼을 살리는 일을 하고 계십니다. 예수님이 생명의 빛이 되는 까닭은 예수님이 하나님의 아들이며 성령의 요체이기 때문입니다. 성령의 존재에 대해서는 앞에서도 이야기했듯 현재 4차원적 영적 실체로서 오늘날 3차원 세계와 인간을 이룩한 본질적 존재입니다. 따라서 우리는 성령의 뜻을 따를 때 비로소 안전하고 건강하며 행복한 삶을 살 수 있게 됩니다. 그런 점에서 예수님이야말로 우리 영혼에 생명의 빛이 되는 것입니다.

그리고 하나님께서 창조하신 하늘과 땅과 바다와 식물과 태양과 달과 별과 동물, 이 모든 것들이 인간이 잘 살아갈 수 있게 하는 데 필요한 것들입니다. 결국 하나님은 인간을 살리기 위해 천지 창조의 계획을 세우고 실행하신 것이라 볼 수 있습니다. 하나님이 이토록 인간을 귀중히 여기는 까닭은 인간이야말로 자신의 형상을 닮은 자녀로 창조되었기 때문이라고 할 수 있습니다.

그런데 창세기 1장 27절에 하나님이 인간을 창조한 진짜 목적이 등장합니다.

27 하나님이 그들에게 복을 주시며 그들에게 이르시되 생육하고 번성하여 땅에 충만하라, 땅을 정복하라, 바다의 고기와 공중의 새와 땅에 움직이는 모든 생물을 다스리라 하시니라

땅에 충만하고 땅을 정복하라는 뜻은 무엇일까요? 창세기 1장 2절에서 처음 등장하는 땅은 혼돈과 흑암을 상징하고 있는 곳이었습니다. 하지만 이제 땅은 하나님의 형상을 닮은 인간의 등장으로 하나님의 기운이 충만한 곳으로 변해 갈 수 있게 되었습니다. 하나님은 동물과 식물의 창조물을 인간에게 선물하셨습니다. 그리고 낙원에서 평화로이 살기를 바라셨습니다.

4. 지구의 생물에 대한 더 깊은 창조 원리

사람의 창조에 대한 더 깊은 고찰

창세기 1장의 사람 창조에서 더 깊게 생각해 볼 문제가 있습니다. 그것은 사람 창조에 대한 기록이 두 번 중복되어 나오는데 각각 사람의 창조에 차이가 있다는 점입니다. 많은 사람들은 이것에 주목하지 않지만 저는 이상하게도 이것이 색다르게 눈에 들어왔습니다. 이것은 새롭게 던지는 저의 주장이므로 심각하게 보지 않고 저의 뇌피셜 정도로만 받아주시면 좋겠습니다.

창세기 1장에 나오는 사람의 창조에 대한 기록은 다음과 같습니다.

25 하나님이 이르시되 우리의 형상을 따라 우리의 모양대로 우리가 사람을 만들고 그로 바다의 고기와 공중의 새와 육축과 온 땅과 땅에 기는 모든 것을 다스리게 하자 하시고
26 하나님이 자기 형상 곧 하나님의 형상대로 사람을 창조하시되 남자와 여자를

창조하시고

25절의 사람은 '우리'의 형상을 따라 만드나 26절의 사람은 '자기'의 형상을 따라 만드는 모습을 발견할 수 있습니다. 만약 25절의 창조가 사람을 만들 계획이고 26절에 사람을 창조한 것으로 보면 이것은 중복된 표현이 아니겠지만 왜 25절은 '우리의 형상'이라는 표현을 썼다가 26절은 '자기의 형상'으로 바뀌는지는 의문이 남습니다.

많은 성경 학자들은 창세기 1장의 사람 창조가 아담과 이브 한 명씩만 창조한 것인지, 아니면 복수로 창조된 것인지 의견이 분분합니다. 그런데 이후에 전개되는 창세기의 내용을 보면 이때 복수로 사람이 창조되어야만 이야기 전개에 오류가 없게 됩니다.

이것이 만약 단수 아담과 이브라면 다음에 나오는 성경의 내용에 오류가 생기게 됩니다. 창세기 4장 14절에 에덴동산에서 쫓겨난 아담과 이브가 가인과 아벨을 낳게 되는데, 이때 가인이 아벨을 죽이고 벌을 받을까 두려워 도망가려다가 자신을 만나는 자가 자신을 죽일지도 모른다는 이야기를 하는 장면이 나옵니다.

주께서 오늘 이 지면에서 나를 쫓아내시온즉 내가 주의 낮을 뵈옵지 못하리니 내가 땅에서 피하며 유리하는 자가 될지라 무릇 나를 만나는 자가 나를 죽이겠나이다(창세기 4:14)

이 내용은 가인이 살던 시절에 이미 다른 사람들도 많이 살고 있었다는 사실을 암시합니다. 게다가 이어지는 창세기 4장 17절에는 가인이 아내와 동침하는 장면이 나오는데 갑자기 등장한 이 아내의 존재 역시 의문이 남게 됩니다.

아내와 동침하니 그가 잉태하여 에녹을 낳은지라 가인이 성을 쌓고 그 아들의 이름으로 성을 이름하여 에녹이라 하니라(창세기 4:17)

이러한 문제를 해결하기 위해서는 창세기 1장의 사람 창조가 복수로 일어났다고 보는 것이 타당하다는 게 제 생각입니다. 그것도 사람의 종족이 구분되어 창조된 것이 아닌가, 추정하고 있습니다. 즉, '우리의 형상대로 창조된 사람'과 '자기의 형상대로 창조된 사람'이 각각 다른 종족으로 창조되었다고 생각하는 것입니다. 만약 이 생각을 받아들일 수 있다면 이제 '우리'와 '자기'의 차이가 무엇인지 이해하는 과정이 필요하게 됩니다. 이것을 이해하기 위해 우리는 다시 창세기 1장 1절로 돌아가야 할 것입니다.

창세기 1장 1절은 외우는 사람이 있을 정도로 유명한 구절입니다.

태초에 하나님이 천지를 창조하시니라(창세기 1:1)

저는 이미 앞에서 '태초에'라고 번역된 히브리어 베레시트가 '하나님의 집에 계신 하나님'을 뜻한다고 이야기한 바 있습니다. 베레시트(태초에)가 이런 뜻이라면 뒤에 나오는 하나님과 중복되는 문제가 생깁니다. 그런데 원어 성경으로 보면 이것이 중복이 아니란 사실을 알 수 있게 됩니다. 원어 성경에서 이 하나님은 단수가 아니라 복수인 '엘로힘'으로 쓰이기 때문입니다. 한글 번역본에 '하나님'으로 번역된 엘로힘은 사실 '신들'이라고 번역해야 정확한 번역이 될 수 있습니다. 이렇게 볼 때 창세기 1장 1절은 다음과 같이 새로이 번역할 수 있습니다.

우두머리 되신 하나님 안에서 신들이 천지를 창조하시니라

이후 6일간의 창조사역은 이 엘로힘(신들)이 담당하게 됩니다. 그렇다면 하나님(베레시트)과 신들(엘로힘)은 어떤 관계가 있을까요? 문장 구조상 이 둘은 동격의 관계로 보입니다. 하나님이 세상에 모습을 보일 때는 신의 형상으로 자신을 드러내기 때문이라고 생각됩니다. 그런데 왜 유일신이라는 하나님이 복수인 신들로 모습을 드러낼까요? 그것은 하나님의 여러 위격을 드러내기 위함이라고 해석할 수 있습니다. 즉, 하나님은 본체가 있으며 속성이 있고 드러냄의 실체가 있습니다. 저는 이것이 삼위일체로 자신을 나타내는 하나님의 모습이라고 생각됩니다. 이것을 기독교에서는 성부, 성자, 성령이라고 합니다.

먼저 하나님의 본체는 어떤 존재의 전부에 해당하는 영적 에너지로 존재하는 하나님이라고 추정할 수 있습니다. 예를 들어 하나님의 집이 있다고 했을 때 하나님의 집 전체의 영적 에너지체가 하나님이란 이야기입니다. 다음으로 하나님의 속성은 하나님이 가진 여러 성질들입니다. 여기에는 하나님의 뜻도 담겨 있습니다. 이러한 하나님의 속성을 대변하는 영적 존재가 바로 성령이라고 추정됩니다. 마지막으로 이 모든 것이 겉으로 드러나는 드러남의 실체가 필요한데 성경에서는 이것을 로고스(말씀)로 표현하고 있으며 성경 요한복음 1장에서 소개되고 있습니다.

1 태초에 말씀이 계시니라 이 말씀이 하나님과 함께 계셨으니 이 말씀은 곧 하나님이시니라
2 그가 태초에 하나님과 함께 계셨고
3 만물이 그로 말미암아 지은 바 되었으니 지은 것이 하나도 그가 없이는 된 것이 없느니라
4 그 안에 생명이 있었으니 이 생명은 사람들의 빛이라

기독교인이라면 이 말씀이 곧 예수님임을 알고 있을 것입니다. 여기에 등장하는 말씀(로고스)이 인간의 육신을 입고 형상화한 존재, 바로 그리스도인 것입니다. 그런데 여기에서 역으로 그리스도도 육신을 입기 전에는 말씀이라는 비물질 상태였음을 유추해 낼 수 있습니다. 그렇다면 로고스는 어떤 비물질 상태를 말할까요? 로고스는 단지 뜻 에너지로만 존재하는 성령과 달리 이 뜻을 드러내는 역할을 하는 그 무엇이라고 추정할 수 있습니다. 그것은 음성과 같은 소리로 드러날 수도 있고(요

한복음에서는 이를 말씀으로 번역함) 그 외 물질 세계를 살고 있는 우리가 상상할 수 없는 다른 모습으로 드러날 수도 있을 것입니다.

앞에서 성령은 4차원의 세계에 있는 존재라고 이야기했습니다. 그런데 물질 세계가 만들어지기 전에 예수님 역시 말씀이란 형상으로 4차원 세계에서 하나님과 함께 존재했다고 요한복음은 이야기하고 있는 것입니다. 그리고 요한복음은 심지어 그 로고스가 창조사역에도 참여하였음을(만물이 그로 말미암아 지은 바 되었으니) 나타내고 있습니다. 그런 점에서 하나님의 창조사역에 이러한 로고스, 성령 등이 모두 동원되었을 것은 쉽게 추정할 수 있습니다. 이제 왜 창세기 1장 1절에서 신들(엘로힘)이란 복수의 형태가 사용되었는지 이해할 수 있게 되었을 것입니다.

다시 사람의 창조 이야기로 돌아와서 우리(신들)의 형상에 따라 만들어진 사람과 자기(하나님)의 형상에 따라 만들어진 사람은 차이가 있을 것이라고 추정할 수 있습니다. 만약 이것이 맞다면 자기의(하나님) 형상에 따라 만들어진 사람이 아담과 이브의 종족으로 뻗어 나갔을 것이고 우리(신들)의 형상에 따라 만들어진 사람들은 다른 종족으로 번성하여 나갔을 것으로 예상할 수 있습니다.

안타까운 것은 이처럼 사랑을 받고 창조된 인간이 하나님의 명령을 어기므로 불순종하게 되었다는 사실입니다. 이로 인해 인간에게 죄가 들어오게 되었고 이 죄는 세상에 가득하게 되어 하나님이 창조한 세상을 더럽히게 되었습니다. 이 때문에 하나님은 창조의 본래 모습을 회복하기 위하여 홍수로 지구의 모든 생물을 쓸어 버릴 수밖에 없었습니다.

이때 노아 가족과 정결한 동물 7쌍과 부정한 동물 2쌍과 새와 기는 것을 방주에 넣어 살리시면서 지구를 새롭게 재편하셨습니다.

아주 작은 씨에서 커다란 나무로 자라는 식물의 창조에 대한 더 깊은 고찰

창세기 1장 11절에는 식물의 창조에 대한 기록이 나옵니다.

하나님이 이르시되 땅은 풀과 씨 맺는 채소와 각기 종류대로 씨 가진 열매 맺는 나무를 내라 하시니 그대로 되어(창세기 1:11)

식물은 아주 작은 씨가 싹을 틔우고 거대한 나무로 자라는 특징이 있습니다. 과연 하나님은 씨를 먼저 만들었을까요, 나무를 먼저 만들었을까요? 저는 앞에서 창조의 원리로 미시 세계에서 거시 세계가 만들어졌을 것이라는 논리를 편 적이 있습니다. 이 창조의 원리대로라면 당연히 씨를 먼저 만들었을 것이라는 사실은 자연스럽게 유추해 낼 수 있습니다. 이 생각은 창세기 2장 5절의 말씀에서 그대로 증명되고 있습니다.

여호와 하나님이 땅에 비를 내리지 아니하셨고 경작할 사람도 없었으므로 들에는 초목이 아직 없었고 밭에는 채소가 나지 아니하였으며(창세기 2:5)

이 번역대로라면 겉으로 보기에 아직 식물이 창조되지 않은 것처럼 보입니다. 하지만 창세기 2장 5절의 원어 성경을 잘 번역한 성경이 있으니 바로 킹제임스 성경입니다. 킹제임스 성경의 창세기 2장 5절은 다음과 같습니다.

And every plant of the field before it was in the earth, and every herb of the field before it grew: for the LORD God had not caused it to rain upon the earth, and there was not a man to till the ground.

이를 한글로 번역하면 다음과 같습니다.

들의 모든 채소가 땅에 있기 전에, 들의 모든 채소가 자라기 전에 이는 여호와 하나님이 땅에 비를 내리지 아니하셨고 땅을 경작할 사람도 없었음이더라

어떻습니까? 이 번역에 의하면 땅에 식물이 없었던 것이 아니라 앞으로 자라나게 될 식물의 씨가 땅속에 내재되어 있었음을 알 수 있습니다. 이로써 식물은 씨가 먼저 만들어지고 그 씨가 자라서 풀과 채소와 나무가 되었음을 알 수 있습니다.

그렇다면 이러한 씨는 어떻게 만들어졌을까요? 당시의 지상과 지하에는 이미 수많은 원소가 존재하고 있었습니다. 이러한 원소들은 각기 고유한 특성을 지니고 있었을 것이고 하나님의 창조 원리에 따라 서로 자기 짝을 찾으려 하고 있었을 것입니다. 저는 이때 원소가 자기 짝을 찾을 수 있도록 중매쟁이 역할을 한 것이 '물'이었을 것으로 추정하고 있습니다.

원소가 짝을 만나서 유전자를 만들고 유전자가 식물 세포를 만들어 진화하면 그것이 식물의 씨가 되는 것입니다. 이때 각각 다른 종류의 식물이 만들어지는 것은 자기 짝을 찾는 원소의 융합 원리에 따라 결정된 것이라 생각됩니다.

예를 들어, 은행나무 씨가 되려면 자연의 대지 속에 은행나무 씨가 되기 위한 조건적 원소가 필요하고 물은 이러한 원소체를 이동시키는 역할을 하여 은행나무 유전자를 만들기 위한 원소끼리 짝을 만나 서로 결합할 수 있게 만들어 주므로 은행나무 세포를 만들고 그 세포가 모여 은행나무 씨가 된다는 논리입니다.

그렇다면 이렇게 만들어진 식물의 씨는 어떻게 자라게 되는 것일까요? 여기에도 놀라운 하나님의 비밀이 숨어 있습니다. 은행나무를 예로 들어 보겠습니다. 우리는 일반적으로 은행나무의 씨가 싹을 틔우기 위한 알맞은 환경이 조성되었을 때 비로소 싹이 나오고 이 싹이 자라 은행나무가 된다고 알고 있습니다. 그리고 은행나무가 성장하면 열매를 맺고 그 열매의 씨로 다시 번식하는 체계를 갖추고 있다는 사실을 알고 있습니다. 이 모든 체계는 은행나무 씨에 숨겨져 있는 유전자에 다 기록되어 있습니다. 즉, 유전자의 작용에 의해 이 모든 식물의 탄생과 성장이 이루어진다는 것이 현재까지 과학이 밝혀 낸 논리입니다.

하지만 여기에는 빠진 것이 하나 있으니 바로 하나님의 역사(役事, 하나님이 행하여 이룸)입니다. 우리는 하나님의 일이 창세기 1장의 천지 창조로 끝난 것처럼 생각하기 쉬우나 지금 이 순간도 하나님이 일하고 계신다는 사실을 아는 것이 중요합니다. 즉, 하나님은 자신이 창조한 창조물이 잘 유지되고 성장할 수 있도록 한순간도 쉬지 않고 일하고 계신 것입니다.

만약 유전자에 기록된 정보대로 식물이 자란다면 과학적으로 설명하기 힘든 부분이 등장하게 됩니다. 즉, 식물을 이루는 세포 내에 있는 유전자는 그 모양과 정보가 모두 같은데 어떤 것은 뿌리가 되고 어떤 것은 줄기가 되며 어떤 것은 잎이 되는지 설명할 수 없다는 것입니다. 다시 말하면 뿌리는 이루고 있는 세포나 줄기를 이루고 있는 세포, 잎을 이루고 있는 세포는 그 모양이 모두 똑같은 쌍둥이 세포와 유전자들인데 어떻게 서로 다른 모양을 이룰 수 있는가가 의문으로 떠오를 것입니다.

과학자들은 이에 대한 원인을 밝히기 위한 연구에 돌입했습니다. 이 비밀에 대한 첫 정보를 밝혀낸 사람은 1930년대에 미국 예일대학교의 해롤드 버 교수입니다. 그는 생물을 이루고 있는 서로 다른 형태에는 미약하지만 에너지 파동이 나온다는 사실을 발견하였습니다. 해롤드 버 교수는 이 파동의 차이에 따라 서로 다른 형태들이 만들어진다고 주장하였습니다. 하지만 이러한 파동 에너지의 실체에 대한 설명은 하지 못했습니다.

그러다가 생화학자였던 로버트 베커가 도롱뇽의 잘린 다리가 다시 원래의 형태대로 돌아오는 이유를 연구하다가 잘려나간 곳의 피부 표면에 미세한 전류가 흐른다는 사실을 발견하였습니다. 베커는 이 미세 전류가 원래의 형태대로 돌아오게 하는 힘과 관련이 있는지 알아보려고 미세 전류를 차단하는 실험을 해보았습니다. 그랬더니 원래의 형태대로 돌아오는 일이 생기지 않음을 보고 미세 전류가 형태의 재생을 일으키는 원인이 된다는 사실을 발견하였습니다. 이로써 파동 에너지의 정체가 바로 미세 전류임이 밝혀졌습니다.

영국의 생화학자인 루퍼트 쉘드레이크는 이전까지 연구들을 바탕으로 형태장 이론이라는 새로운 가설을 발표하였습니다. 형태장 이론은 한 생명체에서 서로 다른 형태가 만들어지는 것은 각각의 형태를 기억하고 있는 에너지장인 형태장 때문이라는 가설입니다. 쉽게 말해 형태장 에너지라는 것이 생물체의 외부에서 작동하여 각각의 형태로 성장하도록 지속적인 영향을 미친다는 것이 형태장 이론의 핵심입니다. 예를 들어 처음에 씨에서 출발한 세포 중에서 뿌리를 이루는 형태장 에너지가 외부에서 작동하면 그 세포는 뿌리로 자라게 됩니다. 또 줄기를 이루는 형태장 에너지가 외부에서 작동하게 되면 그 세포는 줄기로 자라게 됩니다. 이렇게 하여 형태장 에너지에 의해 식물은 각각 서로 다른 형태의 완성된 나무로 자라게 된다는 것이 바로 형태장 이론입니다.

형태장 이론에서 주목할 것은 형태장이 생명체의 외부에서 작동한다는 사실입니다. 즉, 생명체 외부에서 작동하는 어떤 힘이 생명체 내부의 유전자와 정보를 주고받으며 생명체를 성장시키고 있는 것입니다. 과연 이 생명체 외부에서 작동하는 형태장 에너지의 실체는 무엇일까요? 하나님을 믿는 사람이라면 이것이 곧 하나님이 생명체에게 보내주는 에너지임을 쉽게 알아차릴 수 있을 것입니다. 하나님께서는 이렇게 생명체를 위해 지금도 일하고 계시기 때문에 지구 상의 생명체는 지금도 안전하게 성장하고 유지하며 살아갈 수 있는 것입니다.

나는 심었고 아불로는 물을 주었으되 오직 하나님께서 자라게 하시니라 그런즉 심는 이나 물주는 이는 아무것도 아니로되 오직 자라게 하시는 이는 하나님뿐이니라(고린도전서 3:6~7)

하나님의 명령에 그대로 순종하는 동물의 창조에 대한 더 깊은 고찰

창세기 1장에는 하나님의 놀라운 천지 창조가 기록되어 있지만 2장부터는 안타깝게도 인간이 하나님의 명령에 불순종하여 죄에 빠지는 모습이 기록되어 있습니다. 인간은 분명 하나님의 형상대로 지음 받은 존재인데 왜 이런 불순종에 빠지게 되었을까요? 여기에는 복잡한 설명이 필요하기 때문에 뒤로 미루기로 하고 대신 하나님의 명령에 그대로 순종하며 살아가는 동물에 대한 이야기를 하고자 합니다. 하나님께서는 동물을 창조하시면서 창세기 1장 22절에 다음과 같은 명령을 하셨습니다.

하나님이 그들에게 복을 주며 이르시되 생육하고 번성하여 여러 바닷물에 충만하라 새들도 땅에 번성하라 하시니라(창세기 1:22)

지구 상에는 수많은 동물들이 살아가고 있습니다. 하늘에는 새가 날고 바다에는 물고기가 헤엄치며 땅에는 짐승들이 생동하고 있는 것을 볼 수 있습니다. 그런데 이러한 동물들은 모두 공통점이 있습니다. 생육하고 번성하라는 하나님의 명령에 순종하기 위해 최선을 다하고 있다는 이야기입니다. 우리는 '동물의 왕국'과 같은 TV 프로그램을 통하여 동물들이 언제나 생육하고 번성하기 위해 치열하게 살아가는 모습을 본 적이 있습니다.

자연계를 가만히 들여다보면 제각기 짝을 이루고 있는 모습을 볼 수 있습니다. 빛과 어둠이 짝이 되고 남자와 여자가 짝이 되며 동물도 암컷과 수컷이 짝을 이루고 있습니다. 물고기도 짝이 있으며 식물에도 암수의 짝이 있습니다. 이처럼 자연은 생명체나 비생명체나 모두 짝을 이루는 구조로 되어 있음을 알 수 있습니다.

하나님은 왜 자연을 짝으로 만들었을까요? 그것은 생육하고 번성하는 것과 관련이 있습니다. 짝이 있어야 생육하고 번성할 수 있기 때문입니다.

하나님은 지구 상의 모든 동물과 식물, 물고기, 곤충까지 생육하며 번성하도록 창조하셨습니다. 이에 따라 자연의 동물과 식물들은 모두 생육하며 번성하는 일에 최선을 다하며 살아가는 모습들을 엿볼 수 있습니다.

아프리카 밀림 속에 사는 동물들을 보면 자기 짝을 만나 새끼를 낳고 기르기 위하여 최선을 다하는 모습을 볼 수 있습니다. 밀림은 천적으로 둘러싸인 생태계로 구성되어 있기 때문에 이러한 동물들은 천적으로부터 생명의 위협을 받기도 합니다. 이 치열한 생존의 현장 속에서 자기 새끼를 보호하기 위하여 생명의 위험까지 무릅쓰면서 생육하는 모습들에서 창조주께 순종하는 모습이 엿보여 가슴이 뭉클하기도 합니다.

벌들의 생태를 보면 놀랍기 그지없습니다. 벌들의 집단은 여왕벌 한 마리에 약 2만 마리 벌들이 결집하여 살아가는 모습을 나타내고 있습니다. 이 여왕벌은 한평생 집 안에서 꾸준히 알만 낳고 살아가다가 교미를 위해서만 밖으로 나오는데 이때 여왕벌이 하늘 위로 날아가면 수많은 수벌들이 교미를 위하여 달라붙습니다. 이때 단 한 마리만이 선택되고, 여왕벌은 이 수벌과 교미를 하게 됩니다. 놀라운 것은 교미를 마친 이 수벌은 곧바로 죽고 만다는 사실입니다. 왜 수벌은 자신이 죽을 것을 알면서도 교미를 하는 것일까요? 이것은 마치 우리를 위해 십자가에 죽으신 예수님을 연상시키는 장면입니다. 이처럼 벌들은 생육하고 번성하라는 하나님의 명령에 순종하기 위해 자기 목숨까지 바치는 것도 주저하지 않습니다.

두꺼비의 번식에도 놀라운 자연의 섭리가 숨어 있다고 합니다. 두꺼비는 자기 새끼를 낳기 위해 일부러 자기의 천적인 뱀에 잡혀 죽는다고 알려져 있습니다. 이때 두꺼비를 삼킨 뱀은 두꺼비의 독성 때문에 죽게 됩니다. 이 과정에서 두꺼비의 새끼가 그 뱀의 몸속에서 자라 몸 밖으로 나오게 됩니다. 두꺼비가 자기 새끼를 낳기 위해 이처럼 극단적 방법을 이용하는 까닭은 결국 자신의 새끼를 위하는 마음 때문이라고 볼 수 있습니다. 자신의 새끼가 안전하게 태어나도록 하기 위해 자신의 천적인 뱀에 물려 죽기까지 하는 희생의 방법을 사용했던 것입니다.

저는 남극에 사는 펭귄에게서도 하나님의 창조 섭리를 느낀 적이 있습니다. 거센 눈보라를 맞으면서 알을 품고 있는 펭귄 가족의 모습을 보았습니다. 그 가운데 알을 위해 서로 번갈아가며 소중하게 알을 품는 모습이 가슴을 짠하게 합니다. 드디어 알에서 부화한 새끼 펭귄에게 엄마 펭귄은 먹이를 주려고 먼바다까지 나가서 고기를 삼킨 다음 다시 새끼에게 와서 소중하게 먹이를 주는 모습에서 진한 모성애를 느끼게 됩니다. 추운 날씨에도 불구하고 자기 새끼를 기르기 위해 최선을 다하는 펭귄의 모습을 보면서, 생육하고 번성하라는 하나님의 말씀에 순종하는 모습을 엿볼 수 있었습니다.

펭귄과 관련하여 재미있는 장면도 보았습니다. 홀로 사는 수컷 펭귄 한 마리가 번식지 주변을 서성거리고 있습니다. 다른 펭귄들은 새끼를 낳아 잘 키우고 있는데, 이 펭귄은 아직 짝을 구하지 못한 모양입니다. 이 수컷 펭귄은 조금은 처량한 모습으로 이 둥지 저 둥지를 돌아다니다가 이내 걸음을 멈추고 맘에 든 암컷을 발견합니다. 당장 암컷 펭귄에게 다가가 고개를 앞으로 내밀면서 구애하는 행동을 시작하는데 갑자기 암컷의 짝이 돌아와 두툼한 부리로 떠돌이 수컷 펭귄의 가슴과 머리를 사정없이 물어뜯습니다. 떠돌이 펭귄도 질세라 상대의 머리를 노리며 몇 차례 공격을 시도해 봅니다. 그렇게 암컷을 사이에 두고 수컷 두 마리가 싸우자 주변은 아수라장이 되었고 다른 펭귄들은 자기 새끼가 다

칠세라 싸움이 벌어지는 곳을 등진 채 몸을 웅크리고 새끼를 감싸고 있습니다. 싸움은 한참이나 계속되었고 결국 떠돌이 펭귄이 피를 보고 나서야 싸움은 끝이 납니다. 떠돌이 펭귄이 진 것입니다. 떠돌이 펭귄은 몸 여기저기가 피로 범벅이 된 채 그 자리를 뜨게 되었고 승리한 펭귄은 의기양양한 모습으로 암컷을 지키고 있습니다. 비록 처절한 장면이지만 이 모습에서조차 저는 하나님의 창조에 담긴 순리를 느끼게 됩니다.

초원에 사는 하이에나에게서도 하나님의 창조 섭리를 배울 수 있었습니다. 아프리카의 광활한 초원에 암컷 하이에나가 무리를 떠나서 홀로 세끼 세 마리를 낳고 기르고 있습니다. 어미 하이에나는 새끼에게 먹이를 주기 위해 굴에서 나와 먹잇감을 찾아 초원을 이리저리 기웃거립니다. 그런데 좀처럼 먹잇감을 찾지 못한 채 시간이 흘러갔고 날씨는 곳 비가 올 것만 같습니다. 어미 하이에나는 마음이 조급해져서 더 빠르게 움직이나 그만 비가 억수 같이 쏟아지기 시작합니다. 갑자기 초원에 물이 불어나 강물이 되면서 어미 하이에나는 나무 위에 달라붙어 기회를 엿볼 수밖에 없습니다. 드디어 비가 그치고 어미 하이에나는 다시 먹이를 찾는데, 그때 죽은 물소를 발견하게 됩니다. 그런데 그 죽은 물소에게는 이미 사사가 달라붙어 물어뜯고 있습니다. 그럼에도 불구하고 어미 하이에나는 위험을 무릅쓰고 조심스럽게 죽은 물소에게 다가가 사자의 눈치를 보며 물소를 뜯기 시작합니다. 그것은 오직 자기 새끼가 굶고 있는 것을 생각하였기 때문에 가능한 일이었습니다. 어미 하이에나는 그 과정에서 사자에게 뒷다리를 강하게 물리는 부상을 당했지만 최대한 물소 고기를 많이 물어뜯은 채 도망쳐 새끼들이 있는 굴로 돌아옵니다. 새끼들은 엄마를 보자 반가워하며 엄마의 아픈 다리를 핥아 줍니다. 그러자 어미 하이에나는 물고 온 물소 고기를 토하며 새끼에게 먹이를 먹이기 시작합니다. 새끼에게 먹이를 구해 주기 위해 자기 목숨마저 아끼지 않는 하이에나의 모습에서 저는 또다시 생육하고 번성하라는 하나님의 창조 섭리를 진하게 느끼고 배우게 됩니다.

여름철에 지독하게도 울어 대는 매미는 땅속에서 애벌레로 7년을 지내다가 밖으로 나와 단 7일 동안만 살다가 죽는다고 합니다. 매미는 왜 이런 모순된 생태를 사는 것일까요? 놀랍게도 이 역시 생육과 번성을 위해서라는 사실이 밝혀졌습니다. 여름철 울어대는 매미는 암컷 매미입니다. 암컷 매미가 이처럼 지독하게 울어대는 이유는 수컷 매미를 불러 교미를 하기 위해서입니다. 수컷 매미는 이러한 암컷의 소리를 듣고 날아와 암컷 매미와 교미를 하게 되는데, 놀라운 것은 교미를 마치면 수컷 매미가 곧바로 죽게 된다는 사실입니다. 그리고 암컷 매미는 땅속에 알을 낳은 후 죽게 됩니다. 이 알이 깨어나서 성충으로 7년간 땅속에서 지내다가 다시 교미를 위해 밖으로 나와 약 7일간 살고 죽는 일을 반복하는 것입니다. 이처럼 생육하고 번성하기 위해서 자신의 목숨을 기꺼이 바치는 매미를 보면서 다시 한번 하나님께 순종하는 동물들의 신비로움을 느끼게 됩니다.

연어는 강에서 부화하여 바다에서 생활하다가 산란기가 되면 태어난 곳으로 다시 회귀하는 물고기로 잘 알려져 있습니다. 연어는 강에서 태어나 바다로 나가 약 5년 동안 태평양의 먼바다까지 여행하며 살아갑니다. 그러다가 산란기가 되면 다시 자기가 태어난 곳으로 돌아가는 것입니다. 이때 연어는 약 3천 킬로미터 떨어진 곳까지 가 있기 때문에 돌아가는 길이 험난할 수밖에 없습니다. 회귀하는 과정에서 상어나 물개 등 천적을 만나 먹히기도 하고, 강줄기를 타고 올라오다가 곰이나 독수리 같은 천적에게 희생당하기도 합니다. 이 모든 과정을 다 뚫고 드디어 개천까지 돌아온 연어 중, 이번에는 강둑에 막혀서 못 가는 연어도 있습니다. 거친 물살에 상처투성이가 된 연어도 많이 보입니다. 그래도 연어는 포기하지 않고 온 힘을 다하여 어려움을 통과하는데 그것은 오직 알을 낳기 위해서입니다. 드디어 산란 장소에 도착한 암컷 연어는 이리저리 알을 낳기 좋은 장소를 찾아 지느러미로 거친 모래를 헤집어 구멍을 판 다음 그곳에 산란을 합니다. 이때 수컷 연어는 그 알이 천적들로부터 안전하도록 모래로 묻어 버립니다. 이렇게 산란을 마친 어미 연어는 곧 죽어 자연으로 돌아가게 됩니다. 연어가 알 하나를 낳기 위해 목숨을 건 사투를 벌이는 모습을 보면서 생육하고 번성하라는 하나님의 말씀에 순종하며 사는 연어에게 고개를 숙이지 않을 수가 없습니다.

자연의 동물들은 이처럼 생육하고 번성하라는 하나님의 말씀에 순종하기 위해 자신의 목숨을 걸 정도로 최선을 다하며 살아가고 있습니다. 그런데 우리 인간은 어떤가요? 지금 이 순간도 하나님께 불순종하며 살아가는 사람들이 수두룩합니다. 하나님이 우리 인간을 만물의 영장으로 창조하셨는데 정말 부끄러운 모습이라 하지 않을 수 없습니다. 이것을 회복하는 길은 다시 하나님의 창조 섭리를 깨닫고 믿음으로 돌아서는 수밖에 없습니다. 제가 이 책을 쓰는 이유가 바로 여기에 있는 것입니다.

5. 지구의 구조에 대한 더 깊은 창조 원리

지구 내핵의 창조 과정

지금까지 성경의 기록에 바탕을 둔 천지 창조의 과학적 원리에 대해 이야기하였습니다. 여기에서는 현재의 지구를 이루고 있는 내부와 외부의 구조에 대한 창조의 원리를 더 깊이 과학적으로 살펴보는 시간을 갖고자 합니다. 지금까지의 접근이 미시 세계에서 거시 세계로의 관찰에 의한 것이었다면 이제 거꾸로 거시 세계에서 미시 세계를 파고드는 방식의 관찰을 하게 될 것입니다.

만약 엑스레이같이 내부를 관찰할 수 있는 기계로 지구의 구조를 살펴본다면 지구는 다음과 같은 구조로 되어 있는 길 볼 수 있을 겁니다.

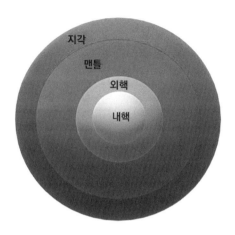

가장 안쪽의 내부에는 내핵이 있고 그 바깥에 외핵이 있습니다. 이 내핵과 외핵을 합쳐 지구의 핵이라고 부릅니다. 그리고 외핵의 바깥에 맨틀층이 있으며 가장 바깥에 지각층이 있습니다.

이 중에서 내핵은 중심부의 온도가 6천℃ 이상의 초고온이며 더불어 압력도 매우 높은 것으로 알려져 있습니다. 지진파 실험에 의해 내핵은 고체 상태인 것이 알려졌으나 최근 초이온 상태인 것으로 밝혀졌다고 합니다. 초이온 상태란 원자가 너무 높은 에너지에 의해 이온화하여 원자핵과 전자가 분리되어 있는 상태를 말합니다. 예를 들어 내핵의 주성분은 철(그 외 니켈)로 알려져 있는데 철 금속은 철 원자로 이루어져 있습니다. 이러한 철이 만약 지표면에 있다면 1,200~1,300℃가 되면 녹아 버리므로 고체 상태로 존재할 수 없습니다. 하지만 내핵에서는 매우 높은 압력 때문에 고체의 성질을 띠고 있는 것으로 추정됩니다. 하지만 이 고체는 이온화 상태로 있기 때문에 정확히 고체라고 할 수 없습니다. 철 원자가 이온화하면 철 이온(Fe^{2+})과 전자(e^-)로 분리되어 존재하게 됩니다. 이런 이온화 상태는 양전하를 띠는 철 이온과 음전하를 띠는 전자의 성질로 인해 강한 전기적 성질을 띤다는 점에서 고체 철과는 큰 차이가 있습니다. 지구는 자체적으로 전자기적 성질을 띠는데 여기에 내핵의 영향이 큰 것으로 파악되고 있습니다.

그렇다면 이러한 내핵은 어떻게 만들어졌을까요? 앞에서도 이야기했듯 첫째 날 창조된 빛에 의해 만들어진 것이 내핵이라고 추정할 수 있습니다. 창조의 빛은 단지 빛만이 아니라 초고온의 열과 빛을 내는 발광체로 창조되었을 것으로 추정됩니다. 그러던 것이 앞에서도 이야기했던 모태 성체로부터 땅 성분을 끌어들여 땅 성분으로 뒤덮이게 되면서 창조의 빛은 지구의 중심 부분에 위치하게 된 것입니다. 이러한 내핵은 지름 약 2,600킬로미터(지표면으로부터 5,100~6,400킬로미터)의 구 모양일 것으로 추정되고 있습니다.

지구 외핵의 창조 과정

내핵의 바깥에는 외핵이 존재하고 있으며 지표면에서부터 따지면 2,900~5,100킬로미터 사이에 존재하고 있습니다. 외핵의 구성 성분은 내핵과 비슷한 철과 니켈일 것으로 추정하고 있으나 이것은 추정일 뿐 그 외 다른 원소도 포함되어 있을 것이란 주장도 있습니다. 외핵은 지진파 실험에 의해 액체 상태인 것으로 나타났는데 그것은 외핵의 온도 역시 4,000~5,000℃로 높기 때문에 금속 성분이 녹아 액체 상태로 존재하는 것으로 추정됩니다.

이러한 외핵 역시 최초 창조의 빛 발광체가 남아 있는 흔적이라고 볼 수 있습니다. 그렇다면 지구의 핵이 내핵과 외핵으로 나누어진 까닭은 무엇일까요? 앞에서도 이야기했듯 지구의 핵은 창조의 빛 덩어리가 땅 성분을 흡수하고 물 성분에 의해 식으면서 점점 지구 중심으로 이동하여 만들어졌을 것입니다. 원시 지구는 물 성분에 의해 점점 식어 갔는데, 이때 열은 지구의 겉 부분이 가장 빨리 식고 속으로 깊어질수록 느리게 식어 갔을 것입니다. 이 때문에 현재의 지구 핵도 내핵의 온도가 가장 높고 그다음 외핵의 온도가 높은 현상이 나타나는 것으로 생각됩니다. 한편, 내핵의 경우 지구 중심부의 깊은 곳에 위치해 압력이 매우 높은 상태가 되었으나 외핵의 경우 좀 덜 깊은 곳에 위치하면서 내핵에 비해 압력이 낮게 나타났을 것입니다. 이 압력과 온도 차이로 인해 내핵과 외핵의 상태(고체 또는 액체)가 다르게 되었을 것으로 추정됩니다. 하지만 외핵과 내핵 모두 최초 창조의 빛 덩어리에서 나온 것이기 때문에 모두 지구의 핵에 속한다고 보는 것입니다.

맨틀의 형성 과정

지표 바로 아래에 있으며 지구의 핵 위에 떠 있는 맨틀은 지구 부피의 70% 이상을 차지할 정도로 많은 부피를 차지하는 부분입니다. 지각아래로부터 약 2,900km까지 존재하고 있으며 대부분이 암석으로 구성되어 있습니다. 지표의 암석과 비슷한 성분이나 지표보다는 알루미늄과 규소의 함량은 낮고 마그네슘과 철의 함량이 높은 것으로 알려져있습니다. 마그네슘과 철의 함량이 높은 암석을 감람암이라 하는데 맨틀에는 감람암 성분이 많습니다. 맨틀의 온도는 최상부와 최하부의 차이가 매우 큰 것으로 나타나 있습니다. 지표와 가까운 최상부의 온도는 100℃ 정도이지만 핵과 경계에 있는 부분은 4,000℃에 육박하는 것으로 알려져 있습니다. 따라서 맨틀은 상부는 고체 암석층이지만 핵과 가까운 부분은 점성을 가진 유체의 성질(마그마)을 띠고 있을 것으로 추정됩니다.

이러한 맨틀은 어떤 과정을 통하여 생성되었을까요? 맨틀은 땅 성체와 물 성체 간 충돌이 발생한 후 초기 뜨거운 온도의 액체 상태로 되어있었던 땅이 점점 냉각되고 굳어지면서 암석층으로 변해 갔을 것으로 추정됩니다. 물은 땅의 열이 완전히 식을 때까지 꾸준히 땅을 냉각하였으며 이 과정에서 매우 두꺼운 맨틀의 암석층이 형성되었을 것입니다. 이때 핵과 가까운 맨틀의 아래층은 일부 액체 상태의 외핵에도 섞여 들어갔을 것으로 추정됩니다.

지각층의 형성 과정

지각은 맨틀 상부에서 지구 표면을 덮고 있는 지구의 껍데기에 해당하는 부분입니다. 대륙 지각과 해양 지각으로 나눌 수 있는데 대륙 지각의 두께는 약 35킬로미터, 해양 지각의 두께는 5~10킬로미터 정도입니다. 지각의 구성 성분은 주로 암석으로 되어 있으며 그 외 토양층을 이루고 있습니다. 지각의 암석은 맨틀의 암석에 비해 알루미늄과 규소의 함량이 높은 암석으로 되어 있습니다. 이러한 지각은 바다(물)가 약 70%, 육지가 약 30% 비율로 분포되어 있습니다.

지각은 땅 성체와 물 성체의 강력한 충돌에서 떨어진 크고 작은 암석 덩어리가 맨틀 상부에 안착하면서 형성된 것으로 추정됩니다. 충돌하기 전에는 하나의 지각 덩어리로 되어 있었으나 강력한 충돌 이후 6개의 지각 덩어리로 나누어지면서 현재의 6개 대륙이 된 것으로 추정됩니다. 그런데 현재 지구의 모습을 보면 북반구는 육지가 넓게 분포되어 있고 남반구는 바다가 더 넓게 분포되어 있는 것을 볼 수 있습니다. 이런 현상이 나타난 이유는 물 성체와 땅 성체가 서로 충돌할 때 물 성체가 땅 성체의 남쪽을 강타했기 때문으로 보입니다.

한편, 지각의 표면은 맨틀의 뜨거운 액체 상태의 암석(마그마)이 보글보글 솟아 올라와 현재의 올록볼록한 형상으로 굳어졌을 것으로 보입니다.

토양층의 생성 과정

지구 표면에는 식물이 잘 자랄 수 있는 부드러운 토질로 덮여 있는 부분들이 많이 있습니다. 특히 사막의 경우 끝없는 모래로 쌓여 있는 것을 볼 수 있습니다. 이처럼 가는 토양층은 어떻게 만들어질 수 있었을까요?

과학계에서는 이러한 토양은 암석이 풍화 작용과 침식 작용을 거치면서 만들어진 것이라고 합니다. 물론 그렇게 만들어지는 토양도 있는 것이 사실입니다. 하지만 이러한 설명만으로는 사막이 왜 생겼는지 설명하기에는 부족한 면이 있습니다. 저는 원시 지구가 냉각할 당시, 즉 물성체와 땅 성체가 충돌했을 당시의 땅 온도를 초고온 상태였을 것으로 예상합니다. 이때 땅 성분을 구성하는 가장 작은 입자가 생성되었을 것입니다. 이에 따라 모래나 흙먼지 등이 생산되었으며 높은 지열로 인해 지상에 떠 있다가 땅이 냉각되고 지각층으로 내려와 토양층을 형성하였을 것으로 추정합니다. 사막에 수많은 모래가 산 모양을 이루고 있는 이유도 모래 성분들이 하늘의 한곳에 모여 있다가 지구의 열이 냉각될 때 지표면으로 내려와 사막이 형성되었을 것으로 추정됩니다.

화산의 형성 과정

화산은 지각 내부에 있는 마그마(암석이 높은 열로 인해 액체로 된 상태)가 높은 압력과 온도로 인하여 폭발을 일으키면서 지상으로 분출하는 현상을 말합니다. 이러한 화산은 어떻게 형성되었을까요? 이 역시 땅 성체와 물 성체의 충돌 이론으로 설명할 수 있다고 생각됩니다.

땅 성체와 물 성체의 충돌이 일어날 때 갈라진 틈 사이로 물 성분이 지하로 흘러들어 가면서 지하에 갇힌 물층이 생기게 됩니다. 이러한 지하의 물은 지하의 열뿐 아니라 스스로도 열에 의해 수증기로 변하면서 높은 압력이 발생하게 됩니다. 한편, 지하의 암석층은 높은 열에 의해 녹아 마그마라는 액체 암석층을 만들게 되었는데, 이 마그마에는 각종 화학 반응에 의해 발생한 수증기, 이산화탄소, 이산화황 등의 기체가 녹아 들어갑니다. 이러한 기체들이 마그마에 녹아 들어갈 수 있었던 것은 지하의 높은 압력 때문에 가능했습니다. 기체는 압력이 높을수록 액체에 잘 녹는 성질이 있기 때문입니다. 이렇게 마그마에 기체가 녹아들자 마그마의 밀도가 암석의 밀도보다 낮아지는 현상이 생기기 시작했습니다.

시간이 흐르면서 지각의 암석층보다 가벼워진 마그마는 지하의 높은 압력을 이기지 못하고 압력이 낮은 압력이 지각층으로 솟아오르려는 힘이 강해졌습니다. 또 지하의 물층 또한 점점 수증기가 많아지면서 압력이 높아져 지상으로 분출하려는 힘이 강해졌습니다. 이제 더 이상 압력을 이기지 못하던 지하의 물층과 마그마는 폭발을 일으키기 시작합니다. 초기에는 수증기가 지상으로 분출하여 나오다가 결국 마그마의 폭발이 일어나면서 화산이 생성되었을 것으로 추정합니다. 지구가 생성되던 초창기에는 물과 마그마가 같이 지각층에 매몰되어 있었기 때문에 이와 같은 화산 활동이 자주 일어났을 것으로 추측됩니다. 오늘날에는 주로 마그마의 작용으로 화산이 만들어지고 있습니다.

하늘과 바다, 계곡과 강의 형성 과정

지구에는 아름다운 푸른 하늘과 넓은 바다, 그리고 계곡과 강이 펼쳐져 장관을 이루고 있습니다. 과연 이러한 하늘과 바다, 계곡과 강은 어떻게 생성되었을까요?

창조 시대에 땅 성체와 물 성체의 충돌 당시 화학 물질인 질소, 산소, 일산화탄소, 아르곤 같은 가벼운 물질들이 만들어져 기체 상태로 떠올라 지구의 대기층을 형성했을 것으로 보입니다. 그리고 물은 지하로 들어가거나 증발을 반복하면서 그 양이 줄어들어 땅이 드러나고 바다가 만들어졌을 것으로 추정됩니다.

한편, 땅 성체와 물 성체의 충돌과 화산 활동으로 인해 땅은 올록볼록하게 되어 높고 낮은 지역이 생기게 되었습니다. 그리고 수증기가 된 물은 오늘날 구름이 되어 비가 내리는 현상처럼 차가운 공기에 의해 냉각되어 빗물이 되어 떨어지면서 육지가 된 땅에 고이기 시작했습니다. 이렇게 고인 물들은 낮은 지역으로 흐르면서 계곡과 강을 만들게 되었습니다. 그리고 두 성체가 충돌할 때 생긴 깊고 넓은 지역으로 물이 흘러들어 가 바다가 만들어지게 되었습니다.

3막

지구 자전과
우주에 대한
과학적 이해

1. 영구 기관에 대한 꿈

영구 기관에 대한 어린 시절의 꿈

저는 특별히 내세울 만한 스펙도, 남들보다 뛰어난 경력도 없는 사람입니다. 게다가 과학을 전공한 사람도 아닙니다. 그럼에도 불구하고 제가 천지 창조의 과학에 대한 책을 쓰고 있다는 사실이 그저 놀라울 따름입니다. 아마도 제가 이 책을 쓸 수 있는 이유 하나를 들라 하면 진실하게 하나님을 믿는 신앙인이기 때문일 것입니다. 이것밖에 다른 이유는 없습니다.

하나님을 진실하게 믿다 보니 천지 창조도 좀 더 과학적으로 믿고 싶다는 생각이 들었습니다. 그래서 교회의 지도자들에게 물어보았지만 어느 누구도 시원한 대답을 해주지 못하였습니다. 그사이 교회의 청년들이 교회를 많이 떠나는 모습을 보게 되었습니다. 그 아이들은 천지 창조를 믿지 않는 눈치였습니다. 그도 그럴 것이 학교에서는 과학을 배우는데 천지 창조는 신화처럼 보이니 믿음이 생기지 않는 것이 당연했습니다. 그때부터 저는 천지 창조를 과학적으로 이해하고 설명할 수 없을까, 고민하기 시작했던 것 같습니다.

저의 이런 과학적 태도는 청소년 시절부터 싹이 텄던 것 같습니다. 저는 열일곱 살에 기술을 습득하기 위해서 자동차의 원리와 구조를 독학으로 익히게 되었습니다. 그때 자동차의 내연 기관을 공부하면서 자연히 동력에 대해 관심을 가지게 되었습니다. 자동차의 내연 기관은 지속적으로 연료를 넣어 주어야 작동할 수 있습니다. 그런데 당시 석유가 고갈되면 지구에 위기가 올 수 있다는 뉴스가 연일 세상을 시끄럽게 하고 있을 때였습니다. 그러다가 저는 '석유가 없이도 영구히 작동할 수 있는 기관을 만들 수는 없을까?'라는 생각을 했습니다. 영구 기관은 한 번 작동하면 영원히 멈추지 않고 동력을 일으킬 수 있는 꿈의 기관입니다.

이러한 영구 기관은 에너지의 공급을 받지 않고도 일을 계속할 수 있는 제1종 영구 기관과 가해진 열에너지를 100% 일로 바꿔 계속하여 일을 할 수 있는 제2종 영구 기관이 있습니다. 그런데 과학적으로 이러한 영구 기관은 불가능하다고 판단되고 있어 안타까움을 자아내고 있습니다. 과학적으로 영구 기관이 불가능한 이유는 이러한 영구 기관이 열역학 법칙에 어긋나기 때문이라고 합니다.

먼저 제1종 영구 기관은 에너지 보존 법칙인 열역학 제1 법칙에 어긋납니다. 제1종 영구 기관은 에너지의 공급을 받지 않고도 일을 계속할 수 있는 기관이라고 했는데 기관이 일을 하면 내부의 에너지를 높여 동력으로 사용되지만 외부에도 일을 하는 것이 되어 외부로 에너지가 빠져나가는 현상이 생기게 됩니다. 이것은 처음의 에너지가 보존되지 않고 줄어드는 현상이 생긴 것이므로 에너지 보존 법칙인 열역학 제1 법칙에 어긋나게 됩니다. 만약 이렇게 외부로 빠져나간 에너지만큼 외부에서 에너지를 공급하면 기관이 다시 돌아갈 수 있긴 한데, 이 경우 외부에서 에너지를 공급하는 것이 되므로 제1종 영구 기관은 될 수 없는 문제가 생기게 됩니다.

제2종 영구 기관의 경우, 열역학 제2 법칙에 어긋나기 때문에 영구 기관이 불가능하다고 이야기합니다. 열역학 제2 법칙은 에너지가 한 방향으로만 흐른다는 개념으로 열에너지의 경우 고온에서 저온으로만 흐를 수 있으며 저온에서 고온으로는 흐를 수 없다는 뜻과 같습니다. 이때 열에너지로 동력을 움직일 경우 열역학 제2 법칙에 의해 열에너지를 100% 동력으로 바꿀 수는 없습니다. 왜냐하면 외부로 확산된 열에너지는 외부에 빼앗기는 에너지가 있기 때문에 100% 열에너지로 다시 돌아올 수 없기 때문입니다. 이 경우도 다시 외부에서 열을 가해 주어야만 다시 100% 열에너지로 되돌릴 수 있으므로 제2종 영구 기관 역시 불가능하게 됩니다.

영구 기관을 포기할 수 없었던 이유

이처럼 영구 기관은 이미 과학에 의해 사형 선고를 받은 상태였습니다. 하지만 이상하게도 저는 영구 기관을 포기할 수가 없었습니다. 그것은 아마도 제가 과학 전공자가 아니었기에 무모한 면이 있어 그러지 않았나 싶습니다. 어쨌든 저는 영구 기관에 대한 생각의 끈을 놓지 않앉고 성인이 되어 사업을 하는 등 다른 일을 하면서도 언젠가는 영구 기관을 꼭 만들고야 말겠다는 의지에 불타올랐습니다.

그러던 중 저는 갑자기 지구가 무한히 자전하고 있다는 사실을 깨닫게 되었습니다. 그리고 보니 지구 자체가 영구 기관이었던 것입니다. 지구가 자전하는 원리만 알면 영구 기관의 수수께끼를 풀 수 있다는 생각에 마음이 설레기 시작했습니다. 이후로 저는 지구의 자전 원리에 대해 연구하기 시작했습니다. 그리고 저는 드디어 지구의 자전이 영구히 일어날 수 있는 이유를 발견하게 되었습니다(이 부분에 대해서는 뒤의 지구 자전 부분에서 자세히 소개하도록 하겠습니다). 그것은 매우 놀라운 경험이었습니다. 이때 저는 하나님이 아니면 지구를 이렇게 정교하게 창조할 수 없다는 생각에 하나님의 능력을 더욱 신뢰하게 되었습니다. 그리고 이러한 감동을 바탕으로 성경에 기록된 창세기 1장 1절에서 마지막 31절까지의 기록을 현대 첨단 과학적인 기술과 연관하여 하나님의 창조론을 추리하게 되었습니다. 비록 과학 전공자도 아니고 전문 지식도 없었으나 하나님의 창조가 맞다는 감동으로 글을 쓰게 되었습니다. 이러한 감동을 담은 내용을 바탕으로 2020년 초에 『창조 시스템』이란 책을 출간하기도 했습니다. 만약 잘못된 글과 논리가 있다면 너그러운 마음으로 이해해 주시면 고맙겠습니다. 더불어 유수한 과학자나 신학자들이 저의 창조론을 새롭게 통찰하여 새롭게 창조론을 증거해 주시를 바라는 마음도 있습니다.

영구 기관의 가능성!

우리가 살고 있는 지구 자체가 영구 기관이라면 지구에서도 영구 기관은 얼마든지 가능할 수 있다는 생각이 저를 지배했습니다. 자신감을 얻은 저는 영구 기관의 가능성에 대한 탐구를 이어 갔습니다.

어느 날 저는 영구 자석을 보며 영구 기관도 가능할 수 있다는 생각을 하게 되었습니다. 영구 자석이란 이름 앞에 붙은 '영구'라는 단어에 꽂히게 되었습니다. 영구 자석 앞에는 왜 영구라는 말이 붙었을까요? 그것은 이 자석이 외부에서 자력을 공급받지 않고도 영구적으로 작동할 수 있기 때문입니다. 영구 자석이 가능하다면 당연히 영구 기관도 가능하다는 생각이 저를 지배했습니다.

저는 영구 자석이 어떻게 영구적으로 자석의 힘을 나타낼 수 있는지에 대해 탐구하기 시작했습니다. 영구 자석은 자석을 이루고 있는 금속 물질의 원자핵 주위를 도는 전자의 회전에 의해 자력이 발생하는 것으로 알려져 있습니다. 이때 자력이 영구히 유지되는 이유는 어떤 힘에 의해 전자의 회전이 멈추지 않기 때문이라고 알려져 있습니다. 영구 자석은 N극과 S극으로 이루어져 있는데 만약 자석 내의 전자가 한 극으로 빠져나가더라도 다시 다른 극으로 들어오는 구조로 되어 있습니다. 그렇기 때문에 에너지 보존 법칙이 성립하여 영구히 자력을 유지할 수 있는 것으로 추정됩니다. 그런 면에서 지구도 커다란 영구 자석과 같다는 생각을 하게 되었습니다. 이로써 저는 영구 자석의 원리를 이용하면 영구 기관도 가능하지 않을까, 생각하게 되었습니다. 이때 지구의 해수가 중요한 역할을 할 것이라 생각하게 되었습니다. 왜냐하면 영구 기관이 가능하기 위해서는 해수처럼 자력에 민감하게 반응하는 유연한 자성체가 있어야 하기 때문입니다.

내가 구상했던 영구 기관

저는 영구 자석을 바탕으로 영구 기관을 구상하는 사고 실험을 하려고 하였습니다. 이를 위해 자금을 마련하려고 의류 사업을 시작하게 되었습니다. 그런데 사업에 전념하다 보니 사고 실험하는 것을 잊고 있게 되었고 그사이 사업은 실패로 이어지고 제 삶은 방황 속으로 빠져들었습니다. 그런데 지금 다시 정신을 차리고 사고 실험을 완성하게 되어 너무도 감사한 마음입니다.

사고 실험이란 과거 갈릴레이, 뉴턴, 아인슈타인 등 위대한 과학자들도 많이 사용하였던 방법으로 과학적 생각으로 해내는 실험을 뜻합니다. 제가 했던 사고 실험 방법을 설명하면 다음과 같습니다.

먼저 지구처럼 생긴 원형 그릇을 준비하고 내부 중간지점에 가로막이(지구의 육지에 비유)를 설치합니다. 여기에 자력에 잘 반응하는 액체(지구의 바다에 비유)를 50% 정도 채웁니다. 이 상태에서 영구 자석을 가로막이 왼쪽 위에서 가까이 갖다 대면 원형 그릇 속의 액체가 자력에 끌려 가로막이를 타고 왼쪽 위로 상승하게 됩니다. 이때 액체에는 중력에 의해 다시 아래로 떨어지려는 힘도 동시에 발생하게 됩니다. 영구 자석을 더욱 가까이 갖다 댈수록 상승하는 액체의 힘도 더욱 커지지만 동시에 아래로 떨어지려는 힘도 비례하여 더욱 커지게 됩니다. 이때 자석이 액체를 당기는 힘보다 아래로 떨어지려는 힘이 더 커지면 떨어지는 액체가 가로막이에 힘을 가하여 원형 그릇을 움직이게 만듭니다. 영구 자석을 원형 그릇에서 떨어뜨리면 원형 그릇 속의 액체가 수평으로 되돌아와 움직임을 멈추다가 영구 자석을 원형 그릇에 다시 갖다 대면 원형 그릇 속의 액체가 다시 상승하며 원형 그릇을 움직이게 할 것입니다. 이것을 반복할 수 있도록 시스템을 구축하면 원형 그릇이 연속으로 회전하는 장치가 만들어질 것입니다.

물론 이것은 부족한 저의 사고 실험에 불과하므로 전문가가 볼 때 모순을 발견할 수도 있을 것입니다. 하지만 저는 지금도 언젠가는 영구 기관을 만들고야 말겠다는 꿈을 잃지 않고 있습니다. 하나님께서 반드시 영구 기관을 만들 수 있게 해주실 것이란 확신으로 살아가고 있습니다.

2. 지구 자전에 대한 과학적 계시

놀라운 지구 자전의 비밀

영구 자석이 영구 기관이듯, 지구의 자전 역시 영구히 일어나고 있다는 사실을 깨닫게 되었습니다. 그렇다면 지구의 자전은 언제부터 시작되었을까요? 다음 창세기 1장 14절을 살펴보도록 하겠습니다.

하나님이 이르시되 하늘의 궁창에 광명체들이 있어 낮과 밤을 나뉘게 하고 그것들로 징조와 계절과 날과 해를 이루게 하라(창세기 1:14)

하나님은 넷째 날에 태양, 달, 별들을 창조하였습니다. 이 과정에서 지구가 자전하며 태양을 중심으로 공전하도록 하는 시스템을 갖추었습니다. 지구가 하루 한 바퀴 자전하므로 낮과 밤이 교차하며 인간은 비로소 시간을 24시간으로 가늠할 수 있게 되었습니다. 그리고 태양을 중심으로 하루에 약 1도씩 약 365일 동안 돌게 하므로 1년 365일의 시간도 가늠할 수 있게 되었습니다. 이렇게 하나님은 시간을 창조하시면서 날과 연을 만들도록 하셨습니다.

계절에 관해서는 더욱 놀라운 사실을 발견하게 됩니다. 그것은 지구의 자전축이 23.5도 기울어진 채 공전을 하도록 만들었기 때문입니다. 과학자들은 지구의 자전축이 23.5도 기울어졌기 때문에 계절의 변화가 나타난다는 사실을 발견하였습니다. 이는 곧 지구의 자전축이 기울어지지 않은 채 그냥 회전 운동을 하면 계절의 변화가 나타나지 않음을 뜻합니다. 결국 하나님은 지구에 계절의 변화를 주기 위해 자전축을 기울이는 정교한 계획까지 세우셨던 것입니다. 하나님이 아니라면 누가 이런 것까지 생각할 수 있었을까요?

오늘날 과학적으로 밝혀진 지구의 자전에 대해 좀 더 깊이 있게 살펴보도록 하겠습니다. 지구는 23.5도 기울어진 중심축을 기준으로 시속 약 1,700킬로미터의 속도로 회전(서쪽에서 동쪽으로)하고 있습니다. 만약 지구 위의 어느 한 점에 사람이 서 있다면 시속 1,700킬로미터의 속도로 회전하는데 24시간이 지나야 다시 원 지점으로 돌아오게 됩니다. 이 정도의 속도라면 지구 위에 서 있는 사람이 엄청난 속도감을 느껴야 하겠지만 놀랍게도 지구 위의 어떤 사람도 이런 속도감을 느낄 수가 없습니다. 그 이유는 지구 위의 공기층과 사람은 지구의 중력에 붙들려 함께 돌기 때문입니다. 이것은 마치 엄청난 속도로 날아가는 비행기 안에서는 속도감을 느낄 수 없는 것과 같은 원리입니다.

지구의 자전 때문에 낮과 밤이 생기는데 지구가 회전할 때 태양과 같은 위치에 있는 부분은 낮이 되고 반대편은 밤이 되기 때문입니다. 지구의 자전에서 더욱 놀라운 부분은 중심축이 23.5도 기울어진 채 회전하고 있다는 사실입니다. 중심축이 기울어진 채 회전하는 것이 중요한 이유는 이것 때문에 태양의 고도가 달라져 각 지역의 온도 변화와 계절의 변화가 나타나기 때문입니다.

예를 들어 우리는 하루 중에 태양의 고도가 가장 높을 때(태양이 머리 위에 있는 오후 2시경) 온도도 가장 높다는 사실을 알고 있습니다. 이러한 태양의 최고 고도(이것을 남중 고도라 함) 변화는 지구의 중심축이 기울어져 있을 경우 나타나게 됩니다. 현재의 23.5도 기울기 때문에 적도에 가까울수록 덥게 되고 북극과 남극에 가까울수록 추운 현상이 나타나게 됩니다.

자전축의 기울기에 대한 이해를 돕기 위해 만약 지구의 자전축이 지금보다 더 기울어진다면 우리나라의 여름 온도는 현재보다 훨씬 높아지게 될 것입니다. 태양의 최고 고도가 높아지기 때문입니다. 반대로 겨울에는 캐나다나 러시아 정도의 온도가 되어 추워지게 됩니다. 만약 지구의 기울기가 40도를 넘어가면 우리나라에도 여름에는 적도, 겨울에는 북극의 온도가 나타나게 된다고 합니다. 그런 면에서 23.5도만 기울게 하신 하나님의 섭리가 놀랍기만 합니다.

그렇다면 지구의 자전축은 어떤 원리로 기울어지게 되었을까요? 이에 대해 과학계에서는 지구 형성 당시 소행성들과의 충돌로 인해 기울어졌다는 주장을 펼치고 있으나 이는 신빙성이 조금 떨어진다고 생각됩니다. 정확히 23.5도가 기울어진 것을 잘 설명하지 못하기 때문입니다.

저는 이에 대해서도 깊이 생각해 본 결과 지구 북반구에 육지가 많이 분포되어 있어서 남반구보다 무거운 것에서 힌트를 얻었습니다. 이러한 무게 차이로 인해 자전을 할 때 무거운 북반구에 의해 23.5도 기울어져 회전하게 되었을 것으로 추정하고 있습니다.

지구가 영구 기관으로 자전하는 원리

그렇다면 지구는 어떻게 오늘도 쉬지 않고 자전할 수 있는 것일까요? 저의 의문은 늘 여기에 머물러 있었습니다. 지구야말로 최고의 영구 기관인데 도대체 그 힘은 어디에서 계속 공급되느냐 하는 것이 저의 고민이었습니다.

과학자가 말하는 지구의 나이는 약 45억 년으로 추정되고 있습니다. 그렇다면 지구는 태어날 때부터 자전과 공전을 하고 있었을까요? 현재까지 우주를 관측한 이래 지구의 자전과 공전은 사고 없이 지속적으로 일어나고 있으며 미래에도 지구는 멈추지 않고 자전과 공전이 계속될 것으로 예측하고 있습니다. 이러한 지구의 자전 원리에 대해 과학자들이 발표한 여러 학설이 있지만, 아직도 확실히 밝혀진 것은 아무것도 없는 상태입니다.

수십억 년의 시간을 흘러오는 동안 지구가 멈추지 않고 자전과 공전을 하는 원인은 어떤 시스템을 구축하고 회전 동력을 발생하고 있기 때문이라고 생각됩니다. 마치 기계가 기어에 맞물려서 연속적으로 구동되는 것처럼 말입니다. 우주에서 어떠한 변화가 일어나도 지구는 유연하게 대처하며 일정한 괘도를 조절하면서 자전과 공전이 이루어지고 있는 상황입니다.

저는 이 지구 자전의 영구 기관에 대한 원리가 무엇인지 늘 생각하고 또 생각하였습니다. 그러다가 우연히 지구본을 보면서 깨닫게 되었습니다. 제가 그토록 원하던 답이 바로 지구본 속에 숨어 있었습니다. 저는 지구본의 바다를 보며 지구의 70%나 차지하는 바닷물의 힘이 육지에 작용하여 지구가 자전하는 것이 아닌가 생각하게 되었습니다. 이를 통하여 하나님께서 오늘날의 5대양 6대주를 만든 것이 우연이 아니란 사실을 알게 되었습니다. 이 역시 지구의 자전과 관련이 있다는 사실을 발견하였기 때문입니다. 즉, 하나님께서는 지구가 자전할 수 있도록 하기 위해 오늘날의 대서양과 태평양 모양의 바다를 창조하셨다는 것입니다. 그것은 태평양과 맞닿은 남북 아메리카의 해안선이 활처럼 휜 것에서 힌트를 얻을 수 있었습니다. 대륙의 해안선이 활처럼 휘었다는 것은 바닷물의 힘이 크게 작용했다는 것을 뜻하고 이것은 달의 기조력으로 설명할 수 있다는 생각이 들었습니다. 이로써 저는 오랫동안 생각해 왔던 비밀이 풀리는 느낌을 갖게 되었습니다. 달의 기조력과 바닷물의 작용에 의해 비로소 지구 자전의 원리를 알게 되었기 때문이었습니다.

하나님께서는 창조 셋째 날, 물 성체와 땅 성체가 충돌할 때 하나의 땅이었던 지구를 깨트리고 현재의 5대양 6대주의 모습으로 만드셨습니다.

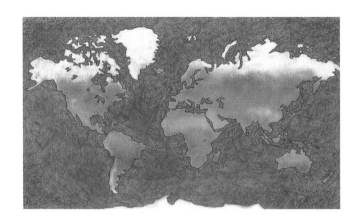

위 지도를 잘 살펴보면 아메리카 지역의 들어간 왼쪽 부분과 유럽과 아프리카 지역의 튀어나온 오른쪽 부분이 딱 맞아떨어지는 것은 하나의 땅이 충돌로 나누어졌다는 증거라고 할 수 있을 것입니다.

물 성체와 땅 성체가 충돌하였을 때 생긴 파편들 중에는 중력권 밖으로 떨어진 것들도 있었을 것입니다. 이러한 크고 작은 파편은 우주에서 냉각되었을 것입니다. 그런 가운데 지구의 뜨거운 열이 식어가자 중력권 밖으로 떨어져 나간 작은 파편은 다시 지구의 중력에 붙들려 돌아올 수 있었지만 큰 파편은 돌아오지 못하였을 것입니다. 저는 이 큰 파편들이 모여 달을 만들었을 것으로 추정하고 있습니다.

이렇게 하여 지구보다 지름이 4분의 1 정도 되는 크기의 달이 만들어졌습니다. 이러한 달은 지구의 6분의 1 정도 되는 크기의 중력도 갖게 되었습니다. 하지만 이때 달의 온도는 낮았고 지구의 온도는 높았기 때문에 서로 떨어져 있었습니다. 그러다가 지구의 온도가 낮아지면서 달은 지구의 중력에 이끌려 지구로 다가오게 되었습니다. 그런데 이 상태로 접근하면 달과 지구가 충돌할 수가 있습니다. 이때 지구의 70%를 감싸고 있었던 바닷물이 달의 인력에 이끌리기 시작했습니다. 땅에 비해 유연한 성질을 가진 바닷물이 먼저 달의 인력에 의해 수면이 상승하기 시작한 것입니다. 달이 지구로 가까이 접근할수록 바닷물은 달의 인력에 이끌리므로 바닷물의 수면은 더욱 상승하여 육지에 닿고, 육지 위로까지 수면이 상승하는 현상이 일어났습니다. 이와 동시에 달보다 4배나 큰 지구의 지구의 중력으로 인해 바닷물에서는 수평을 유지하려는 힘이 발생하게 되었습니다. 이렇게 달 기조력보다 바닷물이 수평을 유지하려는 힘이 커질 때 바닷물에 육지 방향으로 밀어내는 힘이 작용하면서 지구가 회전하게 됩니다. 이 지구의 회전 운동 때문에 그동안 지구로 끌려오던 달은 더 이상의 움직임을 멈추게 되었습니다. 회전 운동으로 인해 발생하는 힘으로 인해 인력이 척력으로 바뀌었기 때문입니다. 이렇게 하여 달과 지구는 일정한 거리를 두고 힘의 균형을 이루게 된 것입니다.

그렇다면 달이 지구와 가까워지면서 어떻게 지구에 회전력이 생길 수 있었던 것일까요? 이 원리를 좀 더 깊이 이해하기 위해서는 다음 지구의 모양을 좀 더 자세히 관찰하는 것이 필요합니다.

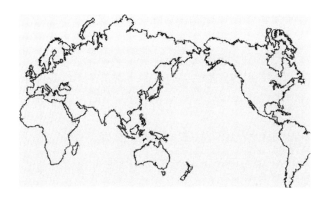

앞에서 제시했던 세계 지도는 유럽인들이 주로 보는 지도입니다. 하지만 우리와 같은 동아시아에서는 중국과 우리나라가 중심에 오는 위와 같은 세계 지도를 선호합니다. 이 지도에서 나타나는 지형을 잘 관찰해 보면 태평양을 남북아메리카와 아시아 대륙이 막고 있는 형국으로 보입니다. 이에 아메리카의 오른쪽 해안 지형의 모습은 활대같이 휜 모양으로 나타나 있습니다. 저는 이러한 침식된 모양의 지형이 왜 생기게 되었는지 골몰하게 되었습니다. 혹시 이것이 지구의 자전과 관련이 있을 거란 생각을 하기까지에는 오랜 세월이 걸렸습니다.

어느 날 저는 아메리카의 해안 지형을 보며 문득 다음 그림과 같은 운동의 변화가 일어났을 것이란 깨달음을 얻게 되었습니다.

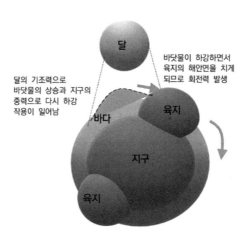

달

바닷물이 하강하면서
육지의 해안면을 치게
되므로 회전력 발생

달의 기조력으로
바닷물의 상승과 지구의
중력으로 다시 하강
작용이 일어남

바다

육지

지구

육지

　　먼저 달이 지구로 접근하면서 태평양의 해수를 달 쪽으로 잡아당기므로 지구 해수의 수면이 상승하게 됩니다. 어느 정도 상승을 일으킨 해수는 달보다 약 4배(달 지름은 3,474km. 지구 지름은 12,742km) 더 큰 지구의 중력에 의해 다시 수평을 이루려는 힘이 생겨 하강하는 일이 일어납니다. 이 하강하는 해수가 남북 아메리카 해안 부분에 힘을 가하여 회전을 일으키게 됩니다. 이러한 해수 작용이 지속적으로 일어나면서 오늘날 활대같이 휜 모양의 해안선이 생겼을 것으로 생각됩니다.

　　바닷물은 지구 부피에 비교하여 매우 적은 양으로 있기 때문에 과연 무거운 지구를 회전시킬 수 있을지에 대한 고민이 있었습니다. 그러나 바닷물은 지표면의 무려 70%를 차지하고 있습니다. 이는 무중력 상태에 놓인 지구를 회전시킬 수 있는 충분한 양이라고 생각합니다. 특히 자전 초기에는 해수가 육지 위로 더욱 상승하며 큰 동력을 얻어 지구를 회전시켰을 것으로 추정합니다. 태평양에 엄청난 양의 해수가 지속적으로 남북 아메리카의 해안을 치게 되면 그 힘에 의해 지구에 회전력이 생길 것으로 추정되는 것입니다. 이로 인해 초기 지구가 어느 정도 회전했다고 가정해 봅시다. 이제 달은 지구가 회전했을 때 나타나는 대서양의 바닷물에 태평양의 바닷물과 같은 방식으로 기조력(달이 바닷물을 끌어당기는 힘)을 일으키게 됩니다. 대서양의 해수도 태평양의 해수와 똑같은 원리로 아프리카와 서유럽의 해안에 힘을 가하여 치게 되므로 다시 지구에 회전 동력을 일으키게 됩니다. 이렇게 하여 지구는 다시 회전을 일으키므로 한 바퀴 회전하는 결과를 나타내게 됩니다. 이렇게 한 바퀴 회전하자 다시 태평양의 바닷물에 기조력이 발생하여 지구의 회전은 지속적으로 일어나게 되는 것으로 추정됩니다. 달의 지름은 지구의 4분의 1 정도입니다. 그러므로 달 기조력도 지구의 4분의 1가량입니다. 그래서 6시간 마다 밀물과 썰물이 교차하여 일어나며 지구가 1회전하는 동안 24시간이 걸리는 것입니다.

이상이 제가 오랜 시간 연구 끝에 밝혀 낸 지구의 자전 원리입니다. 물론 저는 성경학자도 아니며 과학자도 아니기에 전문가들이 보기에는 문제가 보일 수도 있을 것입니다. 하지만 저는 학창 시절 영구 기관을 만들 수 없을까 하는 고민을 오랫동안 했었고, 이후 세월이 많이 흐른 후에 지구가 영구적으로 자전하는 이유가 달과 해수의 상호 작용 때문일 것이란 추리에까지 이르게 된 것입니다. 처음에는 달이 지구로 접근하면 달의 중력에 의해 해수가 사방에서 몰려들어서 결국 달과 충돌하고 말 것이라는 생각에 해수를 지구 자전의 동력이 아닌 것으로 생각했었습니다. 그러나 지속적으로 지구본을 보면서 태평양을 가로막고 있는 남북 아메리카의 모습과 대서양을 가로막고 있는 반대편의 아프리카와 유럽의 지형을 보면서 비로소 지구 자전의 영구 기관에 대한 비밀을 풀게 된 것입니다. 이에 대하여 뛰어난 과학자의 검증이 있기를 바라는 마음입니다. 지구 자전에 대한 영구 기관의 비밀은 꼭 풀어야 하는 인류의 꿈이기 때문입니다.

3. 달의 존재에 대한 이해

달에서 가져온 물질들의 정체

달은 지구와 가장 가까운 위성으로 지구에 많은 영향을 주고 있으며, 지구가 태양 사이에서 공전을 하고 자전을 하는 데 도움을 주는 없어서는 안 될 절대적 위성으로 추론되고 있습니다.

오랜 세월 달은 낮을 비추는 태양과 비교되며 밤을 비추는 천체로 인식되었습니다. 과학이 발달하기 전까지만 하더라도 사람들은 밤하늘에 밝게 빛나는 달을 스스로 빛을 내는 천체일 것이라 생각했습니다. 하지만 과학에 의해 달빛은 태양 빛에 의해 반사된 빛이라는 사실이 밝혀졌습니다.

인류는 이러한 달의 비밀을 풀기 위해 아폴로 11호를 통하여 달에 착륙하는 데 성공하게 됩니다. 이후 아폴로 우주선이 몇 번 더 달을 탐사하면서 아폴로 우주비행사들은 총 2,200점에 해당하는 달의 물질들을 연구 목적으로 지구에 가져오게 됩니다. 이러한 물질들은 달의 평탄하고 검게 보이는 곳에서 채취한 것으로 모두 회흑색 또는 회백색을 띠는 무거운 화성 규산염과 가는 모래 모양의 토양 및 감람암 등 세 가지로 나누어집니다.

과학자들은 이 달 샘플을 토대로 여러 가지 실험을 진행하였습니다. 그 결과, 여러 가지 흥미로운 사실들을 알아낼 수 있었습니다. 첫 번째로 신기한 것은 달에서 가져온 토양에 지구의 씨앗을 심었더니 싹이 텄다는 사실입니다. 이것은 달의 토양이 지구의 토양과 거의 같은 성질을 가지고 있다는 것을 뜻합니다.

무엇보다 달에서 가져온 암석(월석이라고 함)이 지구의 암석과 차이가 있는가가 궁금했습니다. 달에서 가져온 암석은 지구의 화성암에 해당하는 것으로 화학적 조성은 현무암과 비슷한 것으로 밝혀졌습니다. 이는 지구의 암석과 큰 차이가 없어 보였으나 결정적으로 수분이 포함되어 있지 않다는 점에서 큰 차이가 있었습니다. 이것은 달에 물이 없다는 증거일 수도 있었습니다.

하지만 2008년 인도에서 보낸 달 탐사선이 달의 남극과 북극에서 얼음의 흔적을 발견하므로 달에도 물이 있을 가능성을 발견하게 되었습니다. 그리고 최근 미항공우주국(NASA)에서 달 관측 자료를 분석한 결과, 물 분자 분광 신호를 포착해 냄으로써 달에 물이 있다는 것을 증명해 내기에 이르렀습니다. 연구팀의 분석에 의하면 달 표면에는 1제곱미터(m^2)당 약 355밀리리터에 해당하는 물이 포함되어 있는 것이 밝혀졌다고 합니다. 이 연구팀은 이 물 분자들이 달 표면의 알갱이 속에 저장되어 있는 것으로 파악해 냈습니다. 이와 같은 물의 발견에도 불구하고 달에 생명체가 존재한다는 사실은 아직 밝혀내지 못하고 있는 상황입니다.

알아낸 흥미로운 사실, 그 두 번째는 바로 이 암석들의 나이였습니다. 이 암석들의 나이를 알면 대략 달의 생성 연대를 알 수 있습니다. 방사성 동위원소 측정법에 의해 월석을 분석한 결과, 이 암석들은 대부분이 약 30억 년 전에 생성된 것으로 밝혀졌습니다. 가장 오래된 월석의 경우 40~43억 년 정도로 추정되었습니다. 이것은 지구의 암석보다 어리거나 비슷하다고 볼 수 있는 것으로 분명 달은 지구보다 후에 생성된 것으로 추정할 수 있는 연구 결과였습니다.

한편, 달의 내부는 어떻게 생겼을까요? 이에 대한 음모론이 난무하고 있었는데 초기에는 달의 내부가 텅 비어 있을 것이라고 주장하는 사람들이 많았습니다. 이것은 달 내부에 외계인이 살고 있을 것이라는 음모론까지 발전하여 사람들의 궁금증을 자아내고 있었습니다. 하지만 인공위성 기술의 발달로 인공위성에서 쏘는 지진파로 대략적인 달의 내부 구조를 알아낼 수 있게 되었습니다. 놀랍게도 달의 내부 구조는 지구와 닮아 있었습니다. 즉, 달 역시 지구처럼 표면 지각과 맨틀, 핵으로 이루어져 있었던 것입니다(그렇지만 지구처럼 내핵은 존재하지 않습니다). 지구 내부 구조와의 차이점은 핵의 질량이 매우 작다는 점과 암석 분석에서와 마찬가지로 수분이 거의 없다는 사실이었습니다.

태양계의 시각으로 볼 때 달은 지구의 유일한 자연 위성으로서 태양계에 존재하는 모든 위성 중 5번째로 큰 것으로 밝혀졌습니다. 위성은 행성을 공전하는 천체를 말하는데 행성 크기와 비교한 자연 위성 중에서는 달이 가장 큰 것으로 밝혀졌습니다. 이것은 지구에 비해 달이 이상적으로 크다는 사실을 나타내고 있는 정보라고 할 수 있습니다.

이상의 내용을 종합해 보면 달은 지구와 매우 유사한 구조를 가지고 있으면서 위성으로서는 매우 큰 크기를 갖고 있다는 사실을 알 수 있습니다. 저는 여기에 놀라운 하나님의 창조 섭리가 숨어 있다고 생각합니다. 즉, 하나님은 달을 통하여 지구의 운동에 관여할 수 있도록 하기 위해 이런 모양과 크기로 달을 창조해 내었을 것이라 추측하는 것입니다.

달은 어떻게 생성되었을까?

그렇다면 달은 어떻게 생성되었을까요? 이에 대해 먼저 과학계에서 거론되고 있는 달의 기원에 대해 알아보는 것이 필요할 것입니다. 역사적으로 달은 인류의 최대 관심 대상이었기에 달의 기원에 대한 여러 가설들이 전해져 오고 있습니다.

달의 기원에 대해 처음으로 가설을 내놓은 사람은 19세기 말 영국의 천문학자였던 조지 다윈 경입니다. 그는 과거 태양의 조석 작용(태양의 인력 때문에 해수면이 주기적으로 상승 하강하는 현상)으로 인해 지구의 일부분이 떨어져 나가 달이 생성되었을 것이라고 주장했습니다. 하지만 태양으로 인한 지구의 조석 현상은 증명되지 않아 받아들여지지 않고 있다고 합니다.

다음으로 태양계에서 지구가 생길 때 달도 동시에 같이 생겼다가 지구 중력에 붙잡혀 지구의 위성이 되었을 것이라는 가설이 있었는데 이 역시 과학적 설명이 뒷받침되지 않아 현재는 지지받지 못하고 있는 상태입니다.

현재 가장 지지를 받고 있는 달의 생성 가설은 충돌설이라고 할 수 있습니다. 충돌설은 지구가 최초에 형성될 때 다른 천체와 충돌이 있었는데 이때 지구의 일부분이 떨어져 나가 현재의 달이 되었다는 가설입니다. 이러한 충돌설이 지지를 받는 이유는 달의 암석이 지구의 암석보다 철 함유량이 적은 이유를 잘 설명해 주기 때문입니다. 즉, 충돌하기 전 지구는 이미 철 성분이 깊숙이 가라앉아 지구 내부로 들어갔기 때문에 철 함유량이 높으나 지구의 겉 부분이 떨어져 나가 만들어진 달에는 철 함유량이 적을 수밖에 없다는 것입니다.

저는 과학자들의 충돌설과 비슷한 원리로 달이 생성되었을 것으로 생각하고 있습니다. 이미 앞에서도 이야기했듯 물 성체와 땅 성체의 충돌에서 떨어져 나간 액화된 파편 중 큰 파편들이 우주에서 냉각하는 과정을 거쳐 달이 생성되었을 것으로 추정하고 있는 것입니다. 달 표면에 모래와 먼지 등이 덮여 있는 이유는 달의 온도가 가장 높은 상태에서 이러한 액화된 파편들이 냉각될 때 발생한 작은 모래나 먼지, 돌멩이 등이 표면으로 내려와 쌓인 것으로 추정할 수 있습니다. 또 점차적으로 액화 암석이 식으면서 단단한 맨틀과 깊은 곳에는 핵이 형성되었을 것으로 추정됩니다.

제가 달을 지구에서 떨어진 파편의 일부로 보는 증거는 지구의 형태에서 찾을 수 있습니다. 지구의 모양을 보면 남반구의 해양 지역은 깊은 웅덩이가 형성된 흔적을 남기고 있으며, 북반구에는 육지가 많이 분포되어 있음을 볼 수 있습니다. 이런 모양은 강력한 충돌이 지구의 남반구에서 주로 일어났고 이때 남반구의 큰 덩어리가 지구 밖으로 떨어져 나갔기 때문에 지구의 모양이 현재와 같이 되었다고 생각하는 것입니다. 이것은 달에서 가져온 물질들의 화학적 조성이 지구와 매우 비슷한 것으로도 어느 정도 증명되는 셈이 됩니다.

달의 운동에 대한 이해

지구와 마찬가지로 달 역시 자전과 공전을 하고 있는 것으로 밝혀졌습니다. 저는 이러한 달의 자전과 공전이 결국 앞에서 이야기한 달의 기조력에 의한 지구의 회전운동이 원인이 되어 서로 안정된 거리를 두고 균형을 이루게 되면서 자전과 공전을 하는 구조로 되었을 것이라 추측하고 있습니다.

흥미로운 것은 달의 경우 한 바퀴 자전하는 데 걸리는 시간과 지구 주위를 한 바퀴 공전하는 데 걸리는 시간이 같다는 사실입니다. 달의 자전 주기와 공전 주기는 27.3일로 같습니다. 달의 자전 주기와 공전 주기가 같다는 것은 지구 입장에서 볼 때 이상한 현상으로 나타나게 됩니다. 지구에서 달을 바라보면 표면의 모양이 늘 같다는 사실을 발견할 수 있는데 이것이 달의 자전 주기와 공전 주기가 같기 때문에 나타나는 대표적 현상입니다. 만약 달의 자전 주기와 공전 주기가 다르다면 엇갈림으로 인하여 달의 모든 면을 볼 수 있을 테지만 달의 자전 주기와 공전 주기가 같기 때문에 지구에서는 늘 달의 한쪽 면만 볼 수밖에 없는 것입니다. 달은 언제나 지구를 향하여 접근하려 하기 때문에 한 면만 보이지만 지구는 회전운동을 하면서 달의 접근을 저지하고 있습니다.

이러한 이유로 사람들은 달의 뒷면이 어떻게 생겼을지 무척 궁금해하고 있었습니다. 이에 달을 탐사하던 우주선들이 달의 뒷면을 관찰하는 데 성공하였습니다. 그런데 달의 뒷면은 가히 충격적인 모습을 하고 있었습니다. 엄청난 양의 구덩이로 뒤덮인 모습을 하고 있었기 때문입니다. 이 많은 구덩이를 두고 학자들은 다양한 상상을 하였습니다. 수많은 구덩이는 수많은 운석과의 충돌을 뜻할 수도 있었으나 기존의 달과는 아예 다른 성체와의 충돌을 뜻할 수도 있었기 때문입니다. 이로 인해 나온 가설이 과거에는 달이 2개였을 거란 추측입니다. 이 가설에 의하면 2개였던 달이 서로 충돌하여 하나로 합쳐지면서 오늘날의 달이 만들어졌다는 것입니다. 이렇게 보면 달의 앞면과 뒷면의 모습이 완전히 다르게 나타나는 이유를 설명할 수 있게 됩니다.

달은 어떻게 지구의 위성이 되었을까?

달은 지구보다 4배 작지만 위성으로서는 매우 큰 크기를 갖고 있기 때문에 만약 지구와 충돌을 일으킨다면 지구에 매우 큰 타격을 가할 수 있습니다. 이것은 달의 중력이 지구의 중력보다 작기 때문에 만약 달이 지구의 중력권 내에 들어오면 얼마든지 가능한 이야기입니다. 하지만 달은 현재 지구 주위를 도는 지구의 위성이 되어 안전하게 돌아가고 있습니다.

이것이 가능한 이유는 앞에서도 이야기했듯 지구의 바닷물에 대한 달의 기조력과 지구 중력의 상호작용 때문이라 생각하고 있습니다. 즉, 달은 언제나 지구로 접근하려는 성질을 갖고 있는데 그때마다 달의 인력에 의한 바닷물의 상승 작용과 지구 중력에 의한 수평화 작용이 일어나면서 지구를 자전하게 하므로 지구의 극성을 바꾸게 합니다. 이 때문에 달은 지구에 대한 접근을 멈추고 후진하게 되며, 지구의 회전이 멈춰갈 즈음 달은 다시 지구로 접근을 시도하는데 이때 다시 똑같은 바닷물의 작용으로 지구가 회전하면서 달의 접근을 저지하게 됩니다. 이러한 힘의 작용으로 달은 지구로 들어오지 못한 채 지구를 무한히 회전하는 위성이 되었다고 추론하고 있습니다.

달과 지구의 관계에 대한 이해

달은 스스로 자전을 하면서 지구를 중심으로 공전을 하고 있습니다. 이때 달은 중력을 갖고 있기 때문에 지구의 해수에 영향을 미쳐 조석 현상을 일으킵니다.

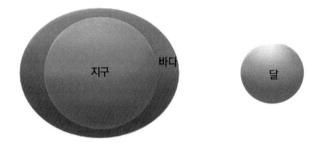

위 그림을 잘 보면 지구의 바다 중에 달과 가까워진 오른쪽의 바다는 달의 인력에 끌려 해수면이 높아지게 됩니다. 이때 최대로 높아진 해수면을 만조라고 합니다. 한편, 이 때문에 해수를 빼앗긴 지구의 위와 아래에 해당하는 바다는 바닷물이 빠져나가 해수면이 낮아지게 됩니다. 이때 최대로 낮아진 해수면을 간조라고 합니다. 이 간조 현상 때문에 지구의 왼쪽 바다는 달과 가까운 오른쪽 바다와 같이 해수면이 높아지는 현상이 나타나게 됩니다.

이때 달이 지구보다 4배가 적으므로 지구의 4분의 1에 해당하는 인력으로 해수에 영향을 미치게 됩니다. 이 때문에 6시간마다 해수의 이동 방향이 바뀌게 되므로 하루 24시간 동안 만조-간조-만조-간조의 현상이 4번 번갈아 나타나게 되는 것이라 생각됩니다. 이러한 조석 현상은 달과의 상호작용 때문에 일어나는 것이니 지구는 달과 직접적인 관계를 가지고 있다고 생각할 수 있습니다. 저는 이러한 사실을 바탕으로 지구의 자전에도 달이 관여하였을 것이란 추측을 해낼 수 있었고 앞에서 말한 이론까지 생각해 낼 수 있었던 것입니다. 그런 점에서 달에 감사한 마음을 갖고 있습니다.

한편, 달의 인력은 지구의 자전을 유도할 뿐만 아니라 자전축을 23.5도를 기울게 하는 데에도 역할을 하였을 것이라 추정하고 있습니다. 이때문에 지구의 기후에 변동을 일으켜 사계절을 만들게 하였으니 이보다 감사한 것이 또 어디 있겠습니까. 또 달은 밤에 태양 빛을 반사하여 지구에 빛을 비춰 주는 역할을 하므로 지구가 밤에도 아주 어둡지 않게 생활할 수 있게 해주니 이 또한 달에 감사해야 할 일일 것입니다.

4. 태양계의 존재에 대한 이해

태양은 어떤 모양으로 되어 있을까?

우리는 태양이 없으면 살아갈 수 없다는 사실을 잘 알고 있습니다. 태양에서 오는 빛과 에너지를 통하여 지구의 생명체는 생명을 유지하며 살아갈 수 있습니다. 그런데 사람들은 태양이 늘 있는 것이기 때문에 당연히 있어야 하는 존재로 여기며 살아가는 경우가 많습니다. 만약 하루라도 태양이 비치지 않는다면 그제야 사람들은 공포에 떨게 될 것이며 태양의 고마움을 깨달을지도 모릅니다.

태양의 빛은 모든 만물들을 볼 수 있도록 드러나게 하며, 식물들과 동물들이 생존할 수 있도록 알맞은 기온과 필수적인 에너지를 제공하는 역할을 합니다. 그렇다면 이러한 태양은 어떤 모양을 하고 있을까요? 일단 외형적으로 태양은 반지름이 약 130만 킬로미터로 지구 지름보다 109배 정도 큽니다. 이것을 부피로 환산하면 지구보다 130만 배나 크니 태양의 크기가 얼마나 큰지 알 수 있습니다. 질량 또한 지구보다 약 33만 배나 무거울 정도이며 태양계 전체 질량의 99%를 차지한다고 하니 태양이 얼마나 무거운지 짐작할 수 있습니다.

태양의 구조는 과학적 연구에 의해 내부에 핵이 있고 그 위에 복사층과 대류층이 있는 것으로 밝혀졌습니다. 이 중 태양의 핵에서 태양의 에너지가 만들어지는데 이것은 수천억 기압과 천만℃에 이르는 폭발적인 에너지라고 합니다. 태양의 핵에서 이처럼 가히 폭발적인 에너지가 만들어질 수 있는 까닭은 이곳의 대부분을 차지하고 있는 수소 원자의 핵융합 반응이 일어나고 있기 때문입니다. 이것은 태양의 핵 내부에서 수도 없는 핵폭탄이 터지고 있는 것에 비유할 수 있습니다. 그러니 이 엄청난 에너지가 발생하는 것입니다.

이렇게 발생한 태양 에너지는 핵 위에 있는 복사층으로 전달되는데 이것이 수백만 년에 걸쳐 매우 천천히 이루어진다고 알려져 있습니다. 이렇게 복사층으로 전달된 태양 에너지는 이제 대류층으로 전달되어 태양계 외부로 에너지를 발산하게 됩니다. 우리가 눈으로 볼 수 있는 태양의 모습은 태양 에너지가 대류의 방식으로 전달되어 만들어진 대류층의 맨 바깥 부분이라고 할 수 있습니다. 이러한 태양의 표면 온도는 5,000~6,000℃ 정도라고 합니다. 그리고 태양을 분광학적으로 정밀하게 조사해 본 결과 태양의 표면은 90%가 수소, 8%가 헬륨, 그리고 나머지 원소(철·칼슘·염소 등)들로 되어 있다는 사실이 밝혀졌습니다.

태양은 어떻게 만들어졌을까?

그렇다면 이러한 태양은 어떻게 만들어지게 된 것일까요? 과학적으로 추론하고 있는 태양의 생성 과정은 일반적 항성(스스로 빛을 내는 별)의 생성 과정과 크게 다르지 않습니다.

과학계에서 항성은 우주의 먼지로부터 생성된다고 보고 있습니다. 우주에는 수도 없는 우주 먼지가 존재하는 것으로 알려져 있습니다. 여기서 우주 먼지란 우주 공간에 흩어져 있는 작은 알갱이 모양의 물질을 말합니다. 이 우주 먼지가 어떤 조건에 의해 모이면 우주 가스가 되고 이 우주 가스가 또 뭉치게 되면 우주 구름이 됩니다. 이 우주 구름이 응집하여 초고압 상태가 되면 이제 원자핵 반응에 의해 초에너지를 발산하게 됩니다. 이것이 스스로 빛을 내는 항성의 시작인 것입니다. 태양도 항성이므로 이 과정을 통하여 생성되었을 것이라고 과학계에서는 보고 있습니다.

저는 이러한 과학계의 주장을 보며 우주 먼지의 근원이 어디에서 왔을까, 생각하게 되었습니다. 성경에서는 분명 지구가 먼저 만들어지고 4일째에 태양이 만들어졌다고 기록되어 있습니다. 그렇다면 태양을 만든 근원 물질인 우주 먼지는 하나님께서 지구를 창조할 당시 이미 태양의 창조를 위해 만들 계획을 세워 두고 있었다고 유추해 낼 수 있습니다. 앞에서 저는 지구의 창조를 위해 하나님께서 그 바탕이 될 모태 성체를 만들었다고 이야기한 바 있습니다. 이러한 모태 성체는 4차원의 입자를 이용하여 만들어졌다고 이야기했습니다. 그렇다면 하나님께서는 우주 먼지 역시 모태 성체를 만들 때 4차원의 입자를 이용하여 만들어 내었을 것이란 생각은 어렵지 않게 해낼 수 있게 됩니다.

또 다른 방식으로 생각해 보면 하나님께서 모태 성체를 만들 때 이미 우주 먼지 형태의 입자를 모태 성체에 심어 놓았을 것으로 추정할 수도 있습니다. 이렇게 우주 먼지의 성분이 지구와 모태 성체의 충돌 과정에서 떨어져 나가 태양을 이루는 재료로 사용되었을 수도 있을 것입니다. 이렇게 하여 만들어진 우주 먼지가 태양을 만드는 재료로 사용되었을 것이라 추정하는 것입니다.

태양도 운동한다!

과학자들은 태양의 표면을 관찰하던 중 태양도 자전을 하고 있다는 사실을 발견하였습니다. 그것도 지구처럼 중심축이 기울어진 채 자전을 하고 있다는 것입니다. 태양의 자전 속도는 태양의 적도를 중심으로 할 때 한 바퀴 도는 데 24.5일이 걸린다고 합니다. 한 바퀴 도는 데 24시간밖에 안 걸리는 지구에 비해 느리다고 볼 수 있으나 태양의 크기를 고려할 때 이것은 착각에 불과합니다. 과학자들이 측정한 태양의 자전 속도는 무려 초속 2,000킬로미터 정도나 된다고 합니다. 이것은 지구의 자전 속도인 시속 약 1,700킬로미터에 비해 매우 빠른 속도라 하지 않을 수 없습니다. 태양은 왜 이처럼 빠른 속도로 자전을 하고 있는 것일까요?

태양의 운동에서 또 하나 놀라운 사실은 태양도 우리 은하의 중심을 향해 공전을 하고 있다는 사실입니다. 그런데 태양의 공전 주기는 무려 2만 년 이상이 걸린다고 하니 이것도 미스터리라 하지 않을 수 없습니다. 왜 태양은 엄청난 속도로 자전을 하면서 또 공전을 하고 있는 것일까요? 안타깝게도 이런 의문에 대해 속 시원히 대답해 주는 과학적 답변은 아직 발견하지 못하고 있는 상태입니다.

태양계의 작동 원리

어쨌든 태양은 이와 같은 운동을 하면서 태양계를 지배하고 있습니다. 그런데 태양계를 이루고 있는 천체들을 보면 놀라움을 금할 수 없습니다. 태양계에는 지구를 비롯한 8개의 행성(수성-금성-지구-화성-목성-토성-천왕성-해왕성 등)만 있는 것이 아니라 몇 개의 왜소행성, 그리고 수많은 소행성, 위성, 유성, 혜성 등 수도 없이 많은 천체들로 구성되어 있기 때문입니다.

먼저 왜소행성은 아마 처음 듣는 사람들이 많을 정도로 생소한 이름일 것입니다. 과거 태양계의 끝에 있던 명왕성은 태양계의 행성으로 분류되었으나 지금은 왜소행성으로 분류되고 있습니다. 그 이유는 크기 등 여러 조건이 행성의 부류에 맞지 않았기 때문입니다. 또 천왕성 크기만 한 다른 소행성들도 발견되었는데, 이들을 묶어 왜소행성으로 부르기로 결정한 것입니다. 현재 발견된 태양계의 왜소행성은 명왕성을 비롯하여 에리스, 세드나, 콰오아 등 6개 정도입니다.

태양계의 천체들 중 가장 미스터리는 소행성의 존재입니다. 소행성은 행성보다 작은 크기의 천체이면서 태양 주위를 공전하고 있는 천체들을 말합니다. 태양계 내에 이런 소행성은 얼마나 많이 있을 것으로 생각하시나요? 놀라지 마세요. 2010년까지 발견된 소행성의 수만 231,665 개일 정도로 많습니다. 이런 소행성은 매년 수천 개 이상이 새롭게 발견되고 있어 실제 태양계 내에 존재하고 있는 소행성의 수는 어마어마할 것으로 추정되고 있습니다.

여기에서 우리는 의문을 가지지 않을 수 없습니다. 어떻게 이렇게도 많은 소행성들이 서로 충돌하지 않고 또 행성들과 충돌을 일으키지도 않고 질서정연하게 태양의 주위를 운동할 수 있는지 미스터리가 아닐 수 없는 것입니다. 이에 대해서도 아직 과학계는 시원한 답변을 내놓지 못하고 있는 상태입니다.

그 외에도 태양계에는 각 행성들과 왜소행성의 주위를 도는 위성들이 존재하고 있는데 대부분의 위성들은 자신이 도는 천체 크기의 수십 분의 1 이하에 해당합니다. 그런데 이상하게도 지구의 위성인 달만 지구 크기의 약 4분의 1로 큰 상태여서 의문을 자아내고 있습니다.

이 외에 태양계에는 꼬리를 물고 날아가는 것처럼 보이는 혜성이 있는데 이 혜성 역시 태양 주위를 타원이나 포물선 궤도를 그리며 공전하고 있는 것으로 밝혀졌습니다. 또 우리가 흔히 별똥별이라고 부르는 유성이라는 것이 있는데 이것은 마치 하늘이 변을 누는 것처럼 보인다고 해서 붙여진 이름입니다. 유성이 마치 별이 떨어지는 것처럼 보이는 이유는 지구 중력에 이끌린 유성체가 대기와 마찰하면서 타버리기 때문입니다. 놀라운 것은 하루에 볼 수 있는 유성의 수가 평균 수백만 개에 이른다는 사실입니다. 이로써 태양계에는 셀 수 없이 많은 유성체가 존재하고 있다는 사실을 알 수 있습니다.

한편, 대부분의 유성은 지구의 대기권에서 다 타 없어지나 일부는 대기를 뚫고 지표면까지 떨어지는 수도 있는데 이것을 운석이라고 합니다. 이러한 운석 중에는 아주 작은 돌멩이 크기부터 수십 톤에 달하는 운석도 있습니다.

지금까지 대부분의 사람들은 태양계가 단지 태양과 나머지 8개의 행성으로 둘러싸인 곳이라 생각하고 있었을 것입니다. 하지만 그 사이에 수많은 소행성과 혜성, 그리고 유성들이 섞여 살고 있다는 것을 알게 되면 고개가 갸우뚱해질 수밖에 없습니다. 도대체 이 많은 천체들이 어떻게 질서정연하게 움직일 수 있느냐 하는 것 때문에 말입니다.

우리는 도로 위에서 수도 없이 많은 자동차들이 질서정연하게 달리고 있는 모습을 보고 있습니다. 이처럼 많은 자동차들이 큰 사고 없이 질서정연하게 달릴 수 있는 까닭은 교통 법규라는 게 있고 자동차들이 그 교통 법규를 지키기 때문에 질서 있게 움직이고 있다는 사실을 잘 알고 있습니다.

태양계의 천체들도 마찬가지라 생각합니다. 아무리 과학이 발전하였어도 도저히 알 수 없는 어떤 하나님의 법칙에 의해 태양계가 움직이고 있기 때문에 이처럼 많은 천체들이 아무 사고 없이 질서정연하게 움직일 수 있는 거 아닐까요? 이러한 하나님의 법칙은 인간의 지식으로는 도저히 그 전체적 내용을 알아낼 수 없지만 적어도 지금까지 과학이 밝혀낸 태양계의 지식을 동원하면 아주 조금은 알아낼 수 있지 않을까요? 태양이 우리 은하를 중심으로 공전과 자전을 하는 것이나 태양계 내 대부분의 천체들이 태양을 중심으로 공전과 자전을 하는 것에서 힌트를 얻을 수 있다고 생각됩니다. 즉, 태양계의 천체들은 이와 같은 지속적인 운동을 해야만 질서를 유지할 수 있다는 것입니다. 생각해 보세요. 만약 지구가 자전과 공전을 하지 않고 가만히 그 자리에 있다면 어떤 일이 벌어질까요? 당장 다른 천체와 충돌하거나 아니면 궤도를 이탈하여 우주의 미아가 되고 말 것입니다. 이것은 태양계 내의 모든 천체에 해당하는 원리이며 심지어 태양계의 중심인 태양에게도 해당되는 이야기인 것입니다. 이러한 천체들의 자전과 공전이 있기 때문에 태양계는 질서가 유지되며 오늘도 평화롭게 움직이고 있다고 추정해 볼 수 있습니다.

5. 별의 존재에 대한 이해

밤하늘 별들의 신비한 운동

우리는 밤이 되면 하늘에 빛나는 무수한 별들을 볼 수 있습니다. 물론 요즘은 도시의 공기가 오염되어 도시의 밤하늘에서 별을 보기는 쉽지 않으나 그래도 강원도 두메산골로 가면 아직까지 밤하늘에 총총한 별들을 볼 수 있습니다. 이때 금방이라도 떨어질 듯한 별들을 보고 있노라면 어떻게 저렇게 많은 별이 있을까, 하는 생각에 경이로움을 느끼게 됩니다.

사람들은 밤하늘의 무수한 별들을 보며 이름을 붙여 별자리를 만들어 내기도 하였습니다. 또 북극성이나 남십자성을 보고 방향을 알 수 있듯 별자리를 보고 방향을 알아내는 데 사용하기도 했으며, 점성가들은 별의 움직임을 보고 점을 치기도 하였습니다. 또 농부들은 별자리를 보고 농사짓는 시기를 가늠해 보기도 하였습니다.

밤에 관측되는 별은 대부분 항성이지만 빛을 반사하는 행성인 경우도 있으며 인공위성이나 은하인 경우도 있습니다. 모두가 하나의 별처럼 보이지만 자세히 관측하면 이러한 별의 종류를 구분할 수가 있습니다.

여기에서는 이러한 별 중 스스로 빛을 내는 항성에 대해 이야기하고 자 합니다. 왜냐하면 성경에서 이러한 별의 탄생에 대해 이야기하고 있 기 때문입니다. 이러한 별은 언제 생성되었을까요? 보통의 과학자들은 별이 먼저 탄생한 후 지구가 생성된 것으로 파악하고 있습니다. 하지만 성경에서는 지구가 창조된 후에 별이 생성된 기록되고 있습니다. 다음 과 같이 성경에는 지구가 창조된 후 넷째 날에 별과 달과 해가 창조되 었다고 기록하고 있습니다.

하나님이 두 큰 광명체를 만드사 큰 광명체로 낮을 주관하게 하시고 작은 광명 체로 밤을 주관하게 하시며 또 별을 만드시고 하나님이 그것들을 하늘의 궁창에 두 어 땅을 비추게 하시며 또 별을 만드시며 낮과 밤을 주관하게 하시니 하나님 보시 기에 좋았더라 저녁이 되고 아침이 되니 이는 넷째 날이라(창세기 1:16~19)

하나님은 왜 지구를 창조하신 다음 별들을 창조하셨을까요? 단지 지 구를 중심으로 하여 하늘의 아름다움을 장식하기 위해 별들을 창조하신 걸까요? 저는 여기에도 놀라운 하나님의 창조 섭리가 숨어 있다고 생각 합니다.

우주에 무수한 별들을 보면 늘 제자리를 지키면서 질서 있게 운동을 하고 있음을 알 수 있습니다. 이것은 마치 태양계가 어떤 법칙에 의해 질서 있게 돌아가는 것과 닮아 있습니다. 별은 곧 항성을 뜻하고 태양계에서 항성은 오직 태양 하나밖에 없습니다. 그렇다면 각각의 별들은 자신들이 해당하는 우주의 위치에서 태양과 같은 역할을 하고 있을 것임이 분명한데 어떻게 태양과 같은 별들 전체가 이처럼 질서 있게 움직일 수 있는 것일까요? 이것은 태양과 같은 별 전체가 어떤 전체를 조절하는 법칙에 따라 움직이고 있다는 것을 뜻합니다. 도대체 전체의 별들은 왜 법칙에 따라 규칙적으로 움직이며 이러한 일을 지휘하는 존재는 누구일까요?

먼저 전체 별의 운동에 대한 법칙을 이해하기 위해서는 우주의 구조를 아는 것이 필요할 듯합니다. 일단 우주는 무수한 은하로 구성되어 있습니다. 1천억 개 이상의 은하가 있다는 주장도 있고 최근에는 이보다 훨씬 많은 1조 개 이상의 은하가 있다는 주장도 있습니다. 이러한 은하에는 다시 별이 1천억 개 이상(훨씬 많을 수도 있음) 존재하는 것으로 알려져 있습니다. 문제는 이처럼 많은 별들이 은하 속에서 어떻게 분포하고 있느냐 하는 점일 것입니다. 별들이 모인 집단을 성단이라고 하는데 이러한 성단도 그 모양에 따라 다양한 종류의 성단이 있습니다. 은하 속에서 별들은 이러한 성단의 모습으로 분포하고 있는데 그중에는 태양과 같이 행성계를 이루고 있는 별들도 있습니다. 행성계란 별 하나가 여러 행성들을 거느리고 있는 모양을 말합니다.

중요한 것은 하나의 은하 역시 태양계처럼 중심에 핵이 있고 주변에 별들이 분포하는 모양으로 구성되어 있다는 사실입니다. 그렇다면 이러한 은하들이 모인 우주를 전체적으로 보면 역시 중심 은하가 있고 그

중심 은하를 축으로 전체 은하가 운동하는 모양으로 우주가 존재하지 않을까, 추정할 수 있습니다. 이 추리가 맞다면 왜 밤하늘의 별들이 규칙적으로 분포하고 질서 있게 움직이는지 설명할 수 있게 됩니다. 전체 우주는 절대자의 법칙에 의해 규칙적으로 분포하며 질서 있게 움직이고 있는 것입니다.

전체 우주에 이런 법칙을 정하고 움직이는 주체는 당연히 하나님이실 것입니다. 그렇다면 하나님은 왜 이토록 복잡하게 우주를 만들어 움직이고 있을까요? 저는 이 또한 지구를 위해서라는 생각을 해봅니다. 지구에 생명체와 인간이 잘 살 수 있는 환경을 조성하기 위해 태양계를 만들어야 했고, 태양계에 질서를 부여하고 안정적으로 운행하기 위해 우리 은하의 존재가 필요했으며, 우리 은하를 생존시키기 위해 복잡한 전체 우주의 구조가 필요하지 않았을까, 생각해 보는 것입니다. 이것은 마치 인체가 완성되어야 손이 움직일 수 있고 발이 움직일 수 있는 것과 같은 원리라고 생각됩니다. 이때 인체를 전체 우주에 비유하면 손과 발은 각 은하에 비유할 수 있을 것입니다. 그리고 태양계는 엄지손가락 정도에 비유할 수 있을 것입니다.

이것으로 우주의 존재 이유를 추리해 낼 수 있게 됩니다. 인체가 있어야 손과 발이 정상적으로 움직일 수 있는 것처럼 우주가 있어야 별들도 안전하게 존재할 수 있으며 따라서 태양계와 지구도 안전하게 존재할 수 있기 때문이라고 추정할 수 있습니다.

별의 일생에서 배울 수 있는 것

별의 생성 원리에 대해서는 앞에서 태양의 생성 원리를 설명할 때 이미 이야기한 바 있습니다. 태양의 생성 원리가 곧 별의 생성 원리와 같기 때문입니다. 별은 우주 먼지가 모여 우주 가스를 만들고 우주 가스가 모여 우주 구름을 만들면서 응집한 에너지로 생성된다고 이야기했었습니다. 그런데 이러한 별은 영원히 존재하는 것이 아니라 사람처럼 일생이 있다는 사실이 밝혀졌습니다. 즉, 사람이 태어나서 성장하고 늙어 죽게 되는 것처럼 별도 태어나서 성장하고 늙어 죽게 된다는 이야기입니다. 이에 대해 좀 더 자세히 알아보도록 하겠습니다.

현재 과학계에서 밝혀낸 별의 일생을 요약하면 다음과 같은 과정을 거치게 됩니다.

1. 먼저 성운(가스 구름)이 뭉치고 온도가 올라가면서 아기 별이 만들어집니다. 이 과정에서 하나의 별이 만들어질 수도 있고 여러 개의 별이 만들어질 수도 있습니다. (...) 또 남아 있는 중심부는 중성자별이 되거나 블랙홀이 되는 것으로 알려져 있습니다.

2. 이렇게 만들어진 별은 내부 핵융합 반응의 팽창으로 인해 어른 별로 성장하게 됩니다. 어느 정도 성장하고 나면 별 내부의 에너지에 의해 팽창하려는 힘과 중력에 의해 수축하려는 힘이 서로 균형을 이루는 현상이 일어나게 됩니다. 이때가 되면 더 이상의 팽창을 멈추고 안정적으로 빛과 에너지를 내는 별로 살아가게 됩니다. 이것은 마치 다 자란 어른이 안정적으로 살아가는 모습과 비슷합니다.

3. 별의 에너지는 수소 핵융합 반응에 의해 생성되는데 이때 수소가 핵융합을 하면 헬륨

이 만들어집니다(수소+수소=헬륨). 이렇게 하여 별 중심부에 헬륨이 많이 쌓이게 되면 이제 헬륨과 수소의 핵융합 반응, 헬륨 핵끼리의 핵융합 반응 등이 일어나게 됩니다. 이러한 반응으로 인해 이제 원자량이 더 높은 탄소나 산소와 같은 원소가 만들어지게 됩니다.

4. 이렇게 핵융합 반응을 통하여 수소와 헬륨이 거의 다 소모되고 나면 더 이상의 핵융합 반응이 일어나지 않게 되므로 별은 점점 온도가 낮아지면서 부풀어 오르게 됩니다. 이 때 별의 색이 붉은색을 띠기 때문에 적색 거성이라고 부릅니다. 적색 거성은 별이 늙게 되었을 때 나타나는 모습으로 이것은 사람의 늙은 모습에 비유할 수 있습니다.

5. 이 상황에서 별은 두 가지 모습으로 최후를 맞이하게 됩니다. 먼저 태양 정도의 질량을 가진 별은 바깥 부분이 계속 떨어져 나가 크기가 작아지고 온도가 낮아지면서 백색 왜성으로 변하게 됩니다. 이때 바깥 부분에서 떨어져 나간 물질들은 우주 공간으로 퍼져 나가 새로운 성운을 만들게 됩니다. 그리고 백색 왜성은 나중에 완전히 에너지를 잃고 흑색 왜성이 되어 별의 잔해로 남아 있게 됩니다.

한편, 태양보다 8배 이상 무거운 별은 조금 다른 최후를 맞이하게 됩니다. 이 별은 적색 거성에서 적색 초거성으로 발전한 후 초신성 폭발로 최후를 맞이하게 되는 것입니다. 이때의 강력한 폭발로 퍼져 나간 물질들은 새로운 우주 먼지가 되어 또 다른 별을 만드는 재료로 사용되어집니다. 또 남아 있는 중심부는 중성자별이 되거나 블랙홀이 되는 것으로 알려져 있습니다.

별의 일생을 보면서 어떤 생각이 드시나요? 마치 사람의 일생과 비슷하다는 느낌이 드는 것은 저만의 생각은 아닐 것입니다. '저 별은 너의 별 저 별은 나의 별'이라는 노래의 가사도 있듯 별은 사람을 상징하는 존재로 사용되기도 합니다. 하나님이 별을 만드신 목적 중에는 분명 이러한 의도도 포함되어 있을 것이라 추정됩니다. 따라서 별의 빛이 의미하는 것과 별의 존재가 상징하는 것에 대해 더 깊은 연구가 있어야 한다고 생각하고 있습니다.

하늘의 무수한 별들은 하나님의 영광을 나타내는 것처럼 보입니다. 저는 이러한 별들 중에 지구에 근접한 별들이 지구의 공전 궤도를 유도하는 역할을 하고 있다고 생각하고 있습니다.

4막

하나님과 예수님 존재의
과학적 증거

1. 예수님이 하나님의 아들이라는 증거

하나님 존재의 과학적 증명!

지금까지는 천지 창조에 대한 나름의 과학적 해석을 바탕으로 3차원 물질 세계에 대한 이야기를 주로 해왔습니다. 이제부터는 신이나 성령 등 4차원 정신세계의 영역에 대한 이야기를 과학적 추리를 통해 해나가려고 합니다. 보통 과학이라 하면 물질 세계만을 탐구하는 것으로 되어 있으나 저는 정신세계의 영역도 이성적, 논리적 추론이 가능하다면 얼마든지 과학적 증명이 가능하다고 생각합니다.

신의 존재에 대한 탐구는 인류의 역사와 함께 해왔다고 해도 과언이 아닐 정도로 신의 존재 유무는 인류의 최대 관심사 중 하나였습니다. 사실 과학의 발달은 이러한 신의 탐구에서 발전된 하나의 학문이라고도 볼 수 있습니다. 왜냐하면 자연의 신비를 풀기 위해 발전한 학문이 과학이라고 볼 수 있는데 그 자연의 주체가 바로 신의 존재와 연관되어 있기 때문입니다.

불과 1~2백 년 만에 이루어진 과학의 발전은 실로 놀라운 것이었습니다. 원자핵과 전자 등 가장 작은 미시 세계를 풀어낸 양자역학에서부터 거시 세계인 우주의 비밀을 밝혀낸 부분까지, 과거에는 상상도 할 수 없던 자연의 비밀을 과학을 통해 벗겨낼 수 있었습니다. 게다가 생명의 신비에 대한 과학적 발견은 놀라움 그 자체라고 할 수밖에 없습니다. 유전자의 비밀에서부터 뇌 과학에 이르기까지 생명에 숨겨져 있던 과학은 실로 신비하고 경이롭기까지 할 정도였습니다.

그런데 이러한 과학의 발견은 신의 존재를 부정하는 이상한 방향으로 흐르기 시작했습니다. 그것은 신비와 믿음의 영역에 존재하는 신이 반드시 물질적 존재로 증명되어야 하는 과학과는 배치된다고 생각하기 때문에 생기는 현상이었습니다. 이렇게 과학의 발전과 함께 무수한 무신론자들이 양산되기 시작했습니다.

하지만 저는 역으로 과학이야말로 신의 존재를 증명할 수 있는 가장 훌륭한 도구이자 기회라 생각하고 있습니다. 이게 무슨 말일지 궁금해하는 사람들은 다음 말에 주목해 주시기 바랍니다.

"신은 주사위 놀이를 하지 않는다."

과연 이 말은 누가 한 말일까요? 바로 20세기 최고의 과학자로 불리는 아인슈타인이 한 말입니다. 이로써 20세기 최고의 과학자였던 아인슈타인조차 신의 존재를 믿고 있었다는 사실을 알아낼 수 있습니다. 사실 아인슈타인뿐만 아니라 당시 과학자들은 대부분이 신의 존재를 믿고 있었습니다. 그런 면에서 그들의 과학 연구는 신의 비밀을 하나둘 알아내기 위한 것이었다고 볼 수 있습니다.

아인슈타인이 위와 같은 말을 한 이유는 당시 등장하여 과학계를 떠들썩하게 하고 있었던 양자역학에 대한 비판을 하기 위해서였습니다. 양자역학이 등장하기 전까지 과학은 100% 확실한 것만 취급하였습니다. 뉴턴의 만유인력이 그랬고 아인슈타인의 상대성이론이 그랬습니다. 그런데 양자역학이란 게 미시 입자의 운동을 다루는 것이라 불확실한 게 많았습니다. 특히 원자 내의 전자가 입자도 될 수 있고 파동도 될 수 있다는 연구가 발표되면서 과학계는 발칵 뒤집어졌습니다. 1920년대 중반 실험물리학자인 데이비슨과 거머가 '이중 슬릿 실험'을 통해 전자가 파동의 특성을 가지고 있다는 사실을 발견했기 때문이었습니다. 그 전까지 전자는 분명 원자를 이루고 있는 입자로 인식되고 있었습니다. 그런데 이런 전자가 파동의 성질도 가지고 있다니, 세상에 이런 불확실한 과학이 있을 수 없는 것이었습니다. 그래서 아인슈타인이 '신은 주사위놀이를 하지 않는다'는 유명한 말을 내놓은 것이었습니다.

아인슈타인은 끝까지 양자역학의 오류와 싸움을 벌였지만 결국 승리자는 양자역학이 거두게 되었습니다. 실제 여러 실험을 통하여 전자의 이중성이 증명되었기 때문입니다.

이후 양자역학은 아인슈타인의 상대성이론을 누르고 발전을 거듭하였습니다. 그러한 양자역학의 중요성이 최근 과학계에서도 다시 대두하고 있는 듯합니다. 그것은 양자역학에 미래의 먹거리가 달려 있다고 생각하는 사람이 많아졌기 때문입니다. 양자역학에 대해 잘 모르는 사람들은 이게 무슨 말인지 고개를 갸우뚱할 수 있으나 오늘날 디지털 과학을 이룬 중심에 양자역학이 있다는 사실을 알면 이야기가 달라질 것입니다. 양자역학은 결국 물질을 이루고 있는 가장 작은 미시 입자의 비밀을 푸는 학문이라 할 수 있으며 이 미시 입자의 성질을 잘 이용하여 만든 것이 곧 디지털 문화인 것입니다. 당장 현대인의 필수품이 된 컴퓨터와 스마트폰이 양자역학의 특성을 이용하여 만들어진 것들입니다.

양자역학은 디지털 세계를 이루는 데 큰 역할을 했지만 저는 신의 존재를 과학적으로 증명하는 데에도 훌륭하게 이용될 수 있다고 생각하고 있습니다. 양자역학의 발전으로 우리는 미시 세계의 비밀에 대해 알게 되었습니다. 미시 입자에 대해서는 이미 앞에서 이야기한 바 있지만 여기에서 간단히 정리하면 다음과 같습니다.

우주의 모든 물질을 이루고 있는 것은 원자라는 것이 발견되었으며 원자 또한 원자핵과 전자로 이루어졌다는 것이 발견되었습니다. 그런데 이런 원자핵과 전자 내에는 또다시 기본 입자(입자의 기본이 되는 최소 단위)들이 있다는 사실이 발견되었고 기본 입자는 원자핵과 관련된 쿼크 6개, 전자와 관련된 렙톤 6개, 그리고 각 입자를 이어 주는 중간자 4개 등 16개의 기본 입자와 함께 이 모든 입자들에게 질량을 부여해 주는 신의 입자라 불리는 힉스 입자까지 모두 17개의 기본 입자로 구성되어 있다는 사실이 밝혀졌습니다.

원자 내의 입자 구조에서 놀라운 점은 이러한 17개의 기본 입자들이 어떤 법칙에 의해 정교하게 구성되어 있다는 점입니다. 만약 이렇게 정교한 구성이 없다면 물질 세계는 이미 존재할 수 없었다는 것이 물리학자들의 일관된 견해입니다. 무슨 말이냐 하면 원자에서 원자핵을 구성하고 있는 양성자와 중성자가 서로 붙들고 있는 힘이 얼마나 대단한지는 이미 알고 있습니다. 만약 양성자와 중성자의 분열이 일어난다면 그것은 핵폭탄이 터지는 위력을 발산하게 됩니다. 그런데 다행히도 양성자와 중성자는 어떤 강력한 힘에 의해 붙들려 있습니다. 심지어 양성자와 양성자의 경우 같은 양전하를 띠기 때문에 서로 밀어내는 강한 힘이 있음에도 불구하고 어떤 신비의 힘에 의해 붙들려 있다는 것입니다. 만약 이 신비의 힘이 없다면 전 세계는 핵폭발로 인해 이미 사라지고 말았을 것입니다. 그런데 놀랍게도 원자는 원자를 이루고 있는 17개 기본 입자의 조화에 의해 폭발하지 않고 질서 있게 물질 내에서 배열하며 여러 물질을 이루어내는 데 기여하고 있습니다.

미시 세계의 과학적 신비는 여기에서 끝나지 않습니다. 원자의 구조를 살펴보면 원자핵이 있고 주변에 전자가 분포되어 있습니다. 그런데 이 모습은 태양계의 구조와 닮아 있습니다. 이것은 우연의 일치일까요? 태양계는 원자와 비슷한 구조로 천체의 운동을 일으키면서 놀랍게도 오늘날 지구의 환경이 사람이 살아가기에 알맞은 환경을 구축하는 데 기여하고 있습니다. 여기에서 우리는 미시 세계의 놀라움뿐 아니라 거시 세계의 놀라움에 대해 접하게 됩니다. 우주에서 볼 때 지구는 한 점도 되지 않는 크기입니다. 그런데 과학은 이러한 우주의 신비까지 풀어헤치고 있습니다. 과학이 밝혀낸 우주의 비밀은 경이로움 그 자체입니다. 거대한 우주마저 어떤 질서에 의해 돌아가고 있다는 사실이 밝혀졌기 때문입니다. 우주의 질서에 대한 법칙은 밤하늘에 빛나는 별들의 질서 정연한 움직임이 증명하고 있습니다. 이러한 우주의 질서 덕분에 태양계가 안전하게 존재할 수 있고 태양계의 질서 덕분에 지구가 안전하게 존재할 수 있습니다. 도대체 미시 세계부터 거시 세계까지 이루어지고 있는 이 질서는 그냥 우연히 생겨난 것일까요?

사실 물질 세계보다 더 신비한 것은 생명의 세계입니다. 그중에서도 인간의 존재는 신비 그 자체라고 할 수밖에 없습니다. 인간의 두뇌 작용이 일어나는 것은 절대 우연히 일어날 수 없는 일이며 생명을 유지하기 위해 몸에서 일어나는 여러 생명 현상들 역시 우연으로 설명할 수가 없습니다. 만약 어떤 절대적 힘이 없다면 우리의 생명은 당장 이 순간 끝날지도 모릅니다.

우리 몸 역시 원자로 이루어져 있는데, 앞에서도 이야기했듯 절대적 힘의 작용이 없다면 원자핵의 폭발로 인체는 그 흔적조차 없어지고 말 것입니다. 게다가 인체는 내 의지와 상관없이 항상성에 의해 돌아가고 있는데 이 역시 절대적 힘이 있기에 가능한 일이라고 볼 수 있습니다. 예를 들어 음식을 먹으면 알아서 소화해 주고 시키지도 않았는데 숨 쉬게 해줍니다. 또 우리가 해로운 음식을 먹었을 때 간과 신장은 알아서 해독해 주고 노폐물을 청소해 줍니다. 만약 인체가 이런 일을 해주지 않는다면 우리는 한순간도 살아갈 수 없게 될 것입니다. 우리는 이러한 일이 우연히 일어난다고 생각하지만 사실은 어떤 절대적 힘에 의해 일어나지 않고서는 일어날 수 없는 일임을 알아야 합니다.

내 의지와 상관없이 인체에서 이런 일이 가능한 이유는 자율 신경이라는 것이 존재하기 때문입니다. 자율 신경이란 내 의지와 상관없이 스스로 작동하는 신경을 뜻합니다. 인체의 소화 기관과 호흡 기관 등이 오늘도 변함없이 작동할 수 있는 까닭은 이러한 자율 신경이 알아서 일을 해주기 때문입니다. 어떤 사람이 갑자기 소화가 안 되거나 호흡에 문제가 생기는 것은 자율 신경에 문제가 생겼기 때문입니다. 그렇다면 도대체 자율 신경을 움직이는 주체가 무엇인지 궁금하지 않을 수 없습니다.

저는 자율 신경을 움직이는 주체가 바로 하나님임을 알게 되었습니다. 그것은 신경(神經)이라는 한자어에서 이미 힌트를 얻을 수 있습니다. 신경(神經)은 신 신(神) 자에 경로 경(經) 자를 써서 '신이 움직이는 길'이란 뜻을 가지고 있습니다. 그런 면에서 우리 조상들은 신이 신경을 통하여 일한다는 사실을 이미 알고 있었던 것 아닌가 생각됩니다. 어쨌든 하나님이 신경을 통하여 일하시기 때문에 우리는 오늘도 맛있는 밥을 먹으며 마음껏 호흡하며 살아갈 수가 있는 것입니다.

우리는 상처가 났을 때도 하나님의 힘을 느낄 수 있습니다. 인체는 상처가 나면 곧바로 세포의 재생 작용을 일으킵니다. 그래서 며칠만 지나면 상처가 아물게 됩니다. 만약 이러한 재생 작용이 일어나지 않는다면 인간은 조그마한 상처에도 살아갈 수가 없게 될 것입니다. 이러한 세포의 재생 작용을 일으키는 주체는 누구일까요? 이 역시 하나님이란 결론은 쉽게 얻을 수 있습니다.

우리는 과학을 통하여 미시 세계가 정교하게 작동하고 있는 것을 알게 되었고 거시 세계도 질서정연하게 움직이고 있다는 사실을 알게 되었습니다. 뿐만 아니라 과학을 통하여 생명의 작동에도 어떤 절대적인 힘이 관여하고 있다는 사실을 알게 되었습니다. 도대체 이 절대적 법칙과 힘의 주체는 무엇일까요? 그것은 창조주 하나님 외에는 있을 수 없다는 것이 논리적으로 떠오를 것입니다. 이처럼 초기 과학은 무신론자를 양산해 내었을지 몰라도 과학에 의해 하나하나 밝혀진 사실들은 도리어 하나님(신)의 존재를 더욱 확실히 증거하고 있다는 사실을 드러내고 있습니다. 그런 점에서 신의 존재를 증명하는 가장 확실한 방법은 곧 과학이라는 결론에 도달하게 됩니다. 과학이야말로 하나님을 더욱 확실히 믿을 수 있게 하는 최고의 증거이자 도구가 되는 것입니다.

양자역학을 통한 예수님의 과학적 증명

성경에는 예수님이 하나님의 아들이라는 기록이 있습니다. 원래는 하나님의 아들로서 하늘의 신적인 존재였는데 인간 세상을 구원하기 위해 인간 육신을 입고 세상에 오셨다는 내용입니다. 이와 관련된 내용은 요한복음 1장 14절에 잘 기록되어 있습니다.

말씀이 육신이 되어 우리 가운데 거하시매 우리가 그 영광을 보니 아버지의 독생자의 영광이요 은혜와 진리가 충만하더라(요한복음 1:14)

즉, 예수님은 원래 하나님의 아들로 영적 세계(4차원)에서 말씀(로고스)으로 존재하던 분이었는데 세상을 구원하기 위해 인간의 몸을 입고 (말씀이 육신이 되어) 세상에 오게 되었다는 것이 예수님 탄생의 배경 이야기입니다. 그런데 이러한 내용을 신앙이 없는 사람에게 들이밀면 백이면 백 다 미신 같은 이야기라며 조롱할 것이 틀림없습니다. 그런데 과연 이러한 탄생은 과학적으로 불가능한 것일까요? 저는 이러한 탄생을 과학적으로 증명하는 것도 얼마든지 가능하다고 생각하고 있습니다. 사실 말씀이 육신이 된다는 것은 과거의 과학으로는 도저히 설명이 불가능했으나 양자역학의 발전 덕분에 이제 설명이 가능하게 된 것입니다.

말씀으로 물질이 창조되는 과학적 원리에 대해서는 이미 앞에서 양자역학에 기반한 입자의 과학을 다룰 때 이야기한 바 있습니다. 그렇다면 말씀으로 그리스도의 육신이 만들어지는 것은 어떻게 가능한 것일까요? 이에 대한 설명을 하기 전에 먼저 우리는 이 성경 구절에서 나오는 말씀과 육신에 대한 정확한 개념을 이해하는 것이 필요합니다. 여기에서 등장하는 말씀은 그냥 우리가 하는 '말'과는 다른 존재입니다. 헬라어 원어로 말씀은 로고스라고 하는데 로고스는 단순한 말이 아니라 '진리의 뜻을 담은 말'이라는 표현이 더 정확할 것입니다. 이것을 동양의 유학에서는 성(性)이라 불렀고 그리스의 철학자 플라톤은 '이데아'라는 단어로 표현했습니다. 그런 뜻에서 예수님은 세상에 오기 전 진리의 말씀으로 존재하던 분이라고 볼 수 있습니다.

다음으로 나오는 육신은 일반적인 육신과는 조금 차이가 있는 육신이라고 할 수 있습니다. 물질적인 면에서는 일반적 육신과 같은 육신이나 진리의 말씀을 담은 육신이기에 거룩한 육신이라고 하는 것이 더 정확한 표현이 될 수 있을 것입니다.

이제 말씀과 육신에 대하여 이런 개념 아래에 어떻게 말씀이 육신이 될 수 있는지 알아보도록 하겠습니다. 성경에서는 말씀이 육신이 된다는 말을 한 문장으로 표현하였지만 사실 이 문장의 자간(단어 사이) 사이에는 무수한 과학적 과정이 생략되어 있다는 사실을 알아둘 필요가 있습니다.

먼저 앞에서도 이야기했듯 말은 뜻과 소리 에너지로 구성되어 있는 특징이 있습니다. 말이 물질로 변화되는 과정은 이 뜻과 소리 에너지에 의해 이루어집니다. 먼저 말에 담긴 뜻에 따라 만들어질 물질의 종류가 결정되고 소리 에너지에 따라 에너지가 물질로 변화되는 과정이 일어나면서 물질이 만들어지게 됩니다. 세상의 모든 만물은 이런 원리에 따라 창조되었습니다. 이것이 천지 창조의 과학에서 이야기했던 말이 물질이 되는 원리입니다.

이때 만들어지는 최초의 물질은 원자였을 것입니다. 이 원자가 결합하여 물질을 만들고 이 물질이 점점 진화하여 유전자를 만들어 내고 생명체를 만들어 내는 데까지 진화할 수 있었던 것입니다. 그리고 생명체의 진화는 결국 인간을 만들어 내는 데까지 발전할 수 있었습니다. 성경의 천지 창조에서 '하나님이 말씀으로 자기의 형상을 따라 사람을 만들었다'는 문장의 자간에는 이러한 긴 시간 동안 이루어진 과학적 창조의 과정들이 생략되어 있었던 것입니다. 이로써 말씀에 의해 인간이 창조되는 것을 과학적으로 증명할 수 있게 되었습니다.

이제 로고스의 말씀에 의해 거룩한 사람이 만들어질 차례입니다. 로고스의 말씀은 진리의 뜻을 담은 거룩한 말씀입니다. 이러한 말씀이 육신이 되기 위해서는 거룩한 육신이 필요하게 됩니다. 이런 거룩한 육신은 아마도 육신의 진화 과정에서 완성되었을 것으로 추정할 수 있습니다. 육신이라고 모두 같은 육신은 아닙니다. 더러운 육신도 있고 깨끗한 육신도 있으며 거룩한 육신도 있는 것입니다. 하나님은 자신의 아들인 로고스의 말씀을 육신으로 탄생시키기 위해 거룩한 육신으로 진화하는 과정을 거쳤을 것으로 예상됩니다. 그리고 서기 0년이 되었을 때 비로소 이 육신의 진화가 완성되었고 로고스의 말씀은 거룩한 육신으로 이 세상에 탄생할 수 있었을 것으로 추정됩니다. 예수님의 존재는 어떤 신비적 탄생 설화에 의해 세상에 온 것이 아니라 이처럼 정확한 과학적 원리에 이 세상에 탄생한 것입니다.

천국의 비밀을 알고 있다는 것 자체가 하나님의 아들이라는 증거다!

예수님은 성경 곳곳에서 천국의 비밀을 알려주곤 하셨습니다. 그중에 4복음서에 중복되어 나오는 겨자씨 비유와 누룩 비유가 나오는 성경 구절을 소개하면 다음과 같습니다.

비유를 들어 이르시되 천국은 마치 사람이 자기 밭에 갖다 심은 겨자씨 한 알 같

으니 이는 모든 씨보다 작은 것이로되 자란 후에는 풀보다 커서 나무가 되매 공중 위 새들이 와서 그 가지에 깃들이느니라 또 비유로 말씀하시되 천국은 마치 여자가 가루 서말 속에 갖다넣어 전부 부풀게 한 누룩과 같으니라(마태복음 13:31~33)

우리가 하나님 나라를 어떻게 비유하며 또 무슨 비유로 나타낼까? 겨자씨 한 알과 같으니 땅에 심길 때에는 땅 위에 모든 씨보다 작은 것이로되 심긴 후에는 자라서 모든 풀보다 커지며 큰 가지를 내나니 공중의 새들이 그 그늘에 깃들일 만큼 되니라(마가복음 4:30~32)

하나님 나라가 무엇과 같을까 내가 무엇으로 비교할까 마치 사람이 자기 채소밭에 갖다 심은 겨자씨 한 알 같으니 자라 나무가 되어 공중에 새들이 깃들였느니라 내가 하나님의 나라를 무엇으로 비교할까 여자가 가루 서말 속에 갖다 넣어 전부 부풀게 한 누룩과 같으니라(누가복음 13:18~21)

예수님은 천국을 지상에서 제일 작은 겨자씨로 비유하셨습니다. 보통의 사람들은 천국이라 하면 가장 큰 것으로 생각하기 쉬운데 오히려 예수님은 천국을 가장 작은 겨자씨에 비유하신 것입니다. 저는 이 장면을 보면서 예수님께서 비유하신 작은 겨자씨가 현대 과학에서 이야기하는 원자에 비유되었습니다. 겨자씨가 커다란 나무가 돼듯 세상의 모든 물질은 원자가 모여 이루어진 것이기 때문입니다. 그런 면에서 겨자씨는 나무의 근원 물질이라 할 수 있고 원자 역시 물질의 근원 물질이라고 할 수 있을 것입니다. 최근에는 원자보다 더 작은 기본 입자들까지 발견되었는데 이러한 입자의 운동을 다루는 양자역학이 세상을 지배하고 있고 앞으로 이루어질 4차 산업 혁명 시대를 선도하고 있으니 놀라울 따름입니다. 이대로 가면 결국 기본 입자에 의해 첨단 과학의 천국 세상이 열리게 될 것이라 추정되고 있습니다. 즉, 겨자씨가 커다란 나무가 되어 세상을 이롭게 하듯 기본 입자가 첨단 세계를 구축하여 세상을 이롭게 하는 것이 서로 닮아 있는 것입니다.

저는 이러한 추리를 통하여 당시 예수님이 기본 입자의 비밀을 알고 계셨으나 아직 과학을 모르던 시대였으므로 겨자씨 비유로 천국을 이야기하셨다는 결론에 이르게 되었습니다. 이러한 추정은 그냥 저의 생각만으로 한 것이 아니라 다음 예수님의 말씀에 근거하여 추리해 낸 것입니다.

이는 선지자를 통하여 말씀하신바 내가 입을 열어 비유로 말하고 창세부터 감추인 것들을 드러내리라 함을 이루려 함이라(마태복음 13:35)

즉, 예수님은 창세부터 감추인 것들(이것이 곧 기본 입자라고 추리할 수 있음)을 드러내기 위해 겨자씨 비유를 사용하셨던 것입니다. 이를 통하여 예수님은 인간의 눈으로 볼 수 없는 미시 입자들이 결국 첨단 과학 시대의 천국을 이룰 것을 미리 알고 겨자씨 비유를 통하여 이런 천국 비유의 말씀을 하셨던 것입니다.

이런 기준으로 본다면 예수님의 누룩 비유 또한 첨단 과학과 연결되어 말씀하신 것이라는 추론이 가능합니다. 예수님은 천국을 여자가 가루 서 말에 갖다 넣어 전부 부풀게 한 누룩과 같다고 비유하셨는데 이때 누룩은 오늘날 네트워크에 비유할 수 있습니다. 누룩이 발효하면 포자와 포자끼리 가는 실같이 서로 얽혀 부푸는 방식으로 조금만 넣어도 빠르게 번식하여 전체로 진행되는 것이 특징입니다. 오늘날 네트워크 역시 전 세계를 누룩의 포자처럼 서로 얽히게 만들어 전 세계를 이어주는 수단으로 확장해 있어 누룩과 비슷하다는 생각이 듭니다. 방송국에서 보낸 정보 매체가 모든 사람에게 전파되고 공유되는 것이 그 증거이며 스마트폰으로 사진을 촬영하여 모든 사람들과 네트워크로 공유하는 것 역시 누룩과 같은 현상으로 보는 것입니다. 즉, 예수님은 이미 네트워크 기술이 전 세계로 연결되어 세상에 이로움을 줄 것을 미리 알고 계셨으며 이것을 당시 사람들에게는 누룩 비유로 표현하셨던 것입니다.

누룩은 또한 양자얽힘 현상과도 관련이 있다고 생각됩니다. 포자와 포자끼리 서로 얽힌 모습이 양자얽힘 현상을 유추하기 때문입니다. 양자얽힘이란 1964년 존 스튜어트 벨이 발표한 것으로 서로 멀리 떨어진 두 미시 입자가 서로의 상태에 영향을 미친다는 이론입니다. 이것은 2015년 네덜란드 로날드 헨슨 연구팀에 의해 실제로 증명되기도 했습니다. 연구팀은 1.3킬로미터 떨어진 거리에 두 개의 다이아몬드를 배치하고 각각의 다이아몬드 내의 전자를 관찰했습니다. 그 결과 한 다이아몬드의 전자가 시계 방향으로 회전하면 다른 다이아몬드의 전자는 반시계 방향으로 회전하고, 한 다이아몬드의 전자가 반시계 방향으로 회전하면 다른 다이아몬드의 전자는 시계 방향으로 회전하는 현상이 관찰된 것입니다. 이것은 1.3킬로미터나 떨어진 두 전자가 어떤 힘에 의해 서로 얽혀 있음을 나타나는 것이라 할 수 있으며 이것을 양자얽힘이라고 표현하였던 것입니다. 이러한 미세입자의 양자얽힘은 미세한 실(포자)이 서로 얽혀 있는 누룩과 닮아 있다고 생각됩니다.

나는 포도나무요 너희는 가지라 그가 내 안에 내가 그 안에 거하면 사람이 열매를 많이 맺나니 나를 떠나서는 너희가 아무것도 할 수 없느니라(요한복음 15:5)

만약 저의 이 생각이 맞다면 이것이야말로 예수님이 하나님의 아들이라는 증거가 될 수 있다고 생각합니다. 이러한 겨자씨 비유나 누룩 비유는 천국에서 오지 않았다면 도저히 알 수 없는 사실들이기 때문입니다. 즉, 예수님이 천국에서 살아 봤고 그 천국에서 오셨기 때문에 이처럼 천국을 잘 표현할 수 있다는 것입니다. 그리고 그 천국의 주인은 하나님일 테고 이로써 "예수님은 그리스도요 하나님 아들이라"는 베드로의 고백처럼 예수님은 하나님의 아들이라는 사실이 증명되는 것입니다.

2. 예수님 이적의 과학적 증거

오병이어 기적이 디지털에서 이루어짐

성경에서 예수님이 행하는 일 중에는 도저히 과학으로는 설명할 수 없는 초능력을 베푸는 장면들이 종종 등장합니다. 과학을 맹신하는 사람들 중에는 이러한 예수님의 신비적 모습 때문에 예수님을 믿지 못하는 사람들도 많이 있다는 사실을 잘 알고 있습니다.

그러나 최근 과학의 발달로 이러한 예수님의 초능력 또한 하나하나 증명되고 있어 놀라움을 자아내고 있습니다. 예수님의 초능력 중 대표적인 것으로 오병이어의 기적을 들 수 있을 것입니다. 이에 관한 성경의 내용을 살펴보도록 하겠습니다.

저녁이 되매 제자들이 나아와 가로되 이곳은 빈 들이요 때도 이미 저물었으니 무리를 보내어 마을에 들어가 먹을 것을 사 먹게 하소서 예수께서 이르시되 갈 것 없다 너희가 먹을 것을 주라 제자들이 가로되 여기 우리에게 있는 것은 떡 다섯 개와 물고기 두 마리뿐이니이다 이르시되 그것을 내게 가져오라 하시고 무리를 명하

여 잔디 위에 앉히시고 떡 다섯 개와 물고기 두 마리를 가지사 하늘을 우러러 축사하시고 떡을 떼어 제자들에게 주시매 제자들이 무리에게 주니 다 배불리 먹고 남은 조각을 열두 바구니에 차게 거두었으며 먹은 사람은 여자와 아이 외에 오천 명이나 되었더라(마태복음 14:15~21)

이 내용은 교회에 나가지 않는 사람이라 하더라도 한 번쯤은 들어보았을 정도로 유명한 이야기입니다. 떡 다섯 개와 물고기 두 마리로 오천 명의 사람들이 배불리 먹었다는 내용입니다. 성경 기록을 좀 더 자세히 보면 여자와 아이를 제외한 인원이 오천 명이었으므로 실제 인원은 만 명이 넘었을 수도 있었을 것입니다. 떡 다섯 개와 물고기 두 마리로 만 명 이상의 사람들이 배불리 먹었다는 것이니 이보다 더 비과학적인 내용이 있을 수 없습니다. 신앙이 좋은 사람들은 이 내용을 초현실적 믿음으로 받아들이고 있겠지만 믿음이 없는 사람은 이 내용에 대한 과학적 이해 없이는 도저히 예수님을 믿을 수 없을 것입니다.

저는 하나님을 믿으면서 어느 날 맹목적 믿음은 위험할 수 있다는 사실을 알게 되었습니다. 자기가 믿고 있던 사실이 부정될 때 맹목적 믿음은 모래 위의 집같이 무너지고 마는 것을 수도 없이 지켜봐 왔기 때문입니다. 그런데 오늘날 신앙인들을 살펴보니 이런 맹목적 믿음을 가진 사람들이 많다는 사실을 알게 되었습니다. 저는 이 모습을 보며 과학적 사실을 바탕으로 믿음을 갖게 되었을 때 견고한 믿음을 갖게 된다는 사실을 알게 되었습니다. 이후로 저는 성경의 내용을 과학적으로 증명하는 일에 몰두하게 되었고 천지 창조부터 과학적으로 증명하는 일에 도전하게 되었습니다. 그리고 오병이어까지 과학적으로 증명하는 것이 가능하다는 사실을 알게 되었습니다.

먼저, 예수님은 4차원 세계의 로고스에서 오신 분이라는 사실을 알고 있어야 합니다. 그런데 4차원 세계는 3차원 세계에 살고 있는 우리의 생각과 달리 시공간을 초월한 세계라 할 수 있습니다. 우리는 3차원 세계의 경험만 있기에 시공간을 초월한다는 개념을 잘 이해하기 힘듭니다. 하지만 최근 사이버 세상의 등장으로 시공간을 초월한 4차원 세계를 조금은 이해할 수 있게 되었습니다. 예를 들어 스마트폰으로 사진을 찍고 그 사진을 자신과 공유한 5천 명의 사람에게 보내면 사진은 순식간에 5천 장이 복사되어 5천 명의 사람에게 전달됩니다. 시공간을 초월한 4차원의 사이버 세상에서는 이런 일이 너무도 간단히 일어나게 됩니다. 4차원 세계에서 오신 예수님 역시 오병이어를 복사하여 만 명의 사람들에게 먹이는 일을 어렵지 않게 하실 수 있었던 것입니다.

오병이어와 비슷한 이야기가 구약 성경의 엘리야와 사르밧 과부 이야기에서도 나옵니다.

여호와의 말씀이 엘리야에게 임하여 이르시되 너는 일어나 시돈에 속한 사르밧으로 가서 거기 머물라 내가 그곳 과부에게 명령하여 네게 음식을 주게 하였느니라 저가 일어나 사르밧으로 가서 성문에 이를 때에 한 과부가 그곳에서 나뭇가지를 줍는지라 이에 불러 이르되 청하건대 그릇에 물을 조금 가져다가 내가 마시게 하라

저가 가지러 갈 때에 엘리야가 그가 불러 이르되 청하건대 네 손에 떡 한 조각을 내게로 가져오라 그가 이르되 당신의 하나님 여호와의 사심을 가리켜 맹세하노니 나는 떡이 없고 다만 통에 가루 한 움큼과 병에 기름 조금뿐이라 내가 나뭇가지 두엇을 주워다가 나와 내 아들을 위하여 음식을 만들어 먹고 그 후에는 죽으리라 엘리야가 그에게 이르되 두려워 말고 가서 네 말대로 하려니와 먼저 그것으로 나를 위하여 작은 떡 하나를 만들어 내게로 가져오고 그 후에 너와 네 아들을 위하여 만들라 이스라엘 하나님 여호와의 말씀이 나 여호와가 비를 지면에 내리는 날까지 그 통의 가루는 다하지 아니하고 그 병의 기름은 없어지지 아니하리라 하셨느니라 그가 가서 엘리야의 말대로 하였더니 저와 엘리야와 식구가 여러 날 먹었으나 여호와께서 엘리야로 하신 말씀같이 통의 가루가 떨어지지 아니하고 병의 기름이 없어지지 아니하니라(열왕기상 17:8~16)

하나님의 명령에 따라 엘리야는 과부에게 물과 떡 한 조각을 요청하는데 과부의 집에는 한 끼의 떡을 만들 가루와 기름뿐이었습니다. 그러나 과부는 엘리야의 말에 순종함으로써 과부의 집 통속에 가루가 떨어지지 않고 기름이 없어지지 않는 기적을 맛보게 됩니다. 이것은 지금까지 엘리야의 기적으로 기록되고 있지만 이 역시 시공간을 초월한 4차원 세계의 원리를 적용하면 어렵지 않게 설명할 수가 있습니다. 사이버 세상에서는 가루와 기름을 얼마든지 복사해 낼 수가 있기 때문입니다.

질병 치유의 이적도 과학적 설명이 가능하다

성경 곳곳에는 예수님이 병자를 치유하는 모습이 나옵니다. 어떤 경우 예수님이 하신 사역의 50% 이상이 질병 치유와 관련된 일이라 말할 정도로 예수님이 병 고치는 장면은 많이 나오기도 합니다.

그런데 이러한 병 고치는 사역은 오늘날 교회에서도 행해지고 있어 놀라움을 자아내고 있습니다. 대표적인 사역자가 순복음교회의 조용기 목사님입니다. 조 목사님은 수많은 사람들의 병을 고치는 이적을 베풀어 세상을 놀라게 하였고 이것은 오늘날 순복음교회를 세계 제일의 교회로 키우는 밑거름이 되기도 하였습니다.

그렇다면 기도만으로 병이 낫는 일은 단지 기적이 일어나는 현상에 불과한 것일까요? 이렇게만 보면 어떤 사람은 낫는데 어떤 사람은 낫지 않는 이유를 잘 설명할 수 없게 됩니다. 실제 병을 낫게 하는 능력(은사)을 받은 사역자들조차 어떤 경우는 낫고 어떤 경우는 낫지 않는 이유에 대해 잘 모른 채 믿음이 있고 없는 차이로만 설명하려 합니다. 저는 이 문제 역시 과학적 설명이 필요하다고 판단하여 하나님께 과학적 지혜를 구하였습니다. 그리고 기도로 병이 낫게 되는 과학적 원리를 발견하게 되었습니다.

새천년이 시작될 무렵, 인류는 게놈 프로젝트라는 것을 발표하며 인류가 질병을 정복하는 시대가 도래했다는 발표를 크게 한 적이 있습니다. 그것은 인간에게 발생하는 질병이 이미 유전자에 기록되어 있으며 해당 유전자에 문제가 생길 때 그 질병이 발생하는 것으로 증명되기도

하였습니다. 이러한 유전자는 세포의 핵 속에 들어 있는 염색체 안에 포함되어 있습니다. 사람의 경우 총 23쌍(46개)의 염색체가 있는데 이 염색체 안에 총 3만 개 이상의 유전자가 들어 있습니다. 게놈 프로젝트는 이러한 염색체 속의 유전자에 질병의 종류가 기록되어 있다는 사실을 밝혀낸 것을 말합니다. 예를 들어 13번 염색체의 AD3 유전자는 알츠하이머병과 관련이 있는데 만약 이 유전자가 고장 나면 알츠하이머병에 걸리게 되는 것입니다. 실제 알츠하이머병에 걸리면 AD3 유전자의 이중나선구조에 변형이 생긴 것을 관찰할 수 있는데 이때 유전자의 변형을 원 상태로 되돌리면 알츠하이머병이 낫게 되는 것이 유전자 치료의 원리입니다.

현재 유전자 치료는 조금씩 발전하고 있는 상태이나 현실 의료에 적용하기 위해서는 발전이 더 필요한 상황에 놓여 있습니다. 이것은 변형된 유전자를 정상으로 되돌리는 의료 기술이 쉽지 않기 때문인 것으로 알려져 있습니다. 그런데 최근 기도와 명상, 자연 요법 등의 치료를 하는 과정에서 변형된 유전자가 정상으로 돌아와 병이 낫는 사례가 발표되었습니다. 이것은 변형된 유전자의 치료가 물리적 방법 외에 정신적 방법도 사용할 수 있음을 뜻하는 것이어서 주목할 필요가 있습니다. 실제 유전자는 뜻에도 반응한다는 것이 여러 실험을 통하여 증명되기도 하였습니다. 즉, 부정적 상태의 마음을 긍정적 상태로 되돌렸을 때 변형된 유전자가 정상으로 돌아오는 일이 관찰된 것입니다.

저는 기도로 병이 낫는 현상이 바로 이 유전자 치료로 설명이 가능하다는 생각을 하게 되었습니다. 즉, 기도를 하는 순간 뜻이 유전자에 전달되어 변형된 유전자를 정상으로 되돌리므로 병이 낫는 원리가 작동한다는 것입니다. 이것이 맞다면 이제 예수님이 병을 고치는 현상도 조용기 목사님이 병을 고치는 현상도 이 유전자 치료로 과학적 설명이 가능하게 됩니다. 예수님이 병자의 몸에 손을 얹는 순간, 조용기 목사님이 기도하는 순간 그 뜻이 병자의 유전자에 전달되어 변형된 유전자가 정상으로 되돌아오므로 병이 낫게 되었던 것입니다.

3. 조용기 목사의 4차원 영성

4차원 세계를 뜻하는 하늘의 비밀

예수님이 제자들에게 가르쳐준 기도에는 놀라운 비밀이 숨어 있습니다. 다음 주기도문을 잘 살펴보기 바랍니다.

하늘에 계신 우리 아버지여 이름이 거룩히 여김을 받으시오며 나라가 임하시오며 뜻이 하늘에서 이루어진 것 같이 땅에서도 이루어지이다 오늘 우리에게 일용할 양식을 주시옵고 우리가 우리에게 죄지은 자를 사하여 준 것 같이 우리 죄를 사하여 주시옵고 우리를 시험에 들게 마시옵고 다만 악에서 구하시옵소서 나라라 권세와 영광이 영원히 있사옵나이다 아멘(마태복음 6:9~13)

이 기도문에는 뜻이 하늘에서 이루어진 것 같이 땅에서도 이루어진다는 내용이 나와 있습니다. 그리고 바로 앞 문장에 하나님 나라가 임한다는 이야기도 나옵니다. 예수님은 제자들에게 가르쳐 준 기도문에 왜 이런 내용을 넣은 것일까요?

여기에 등장하는 하나님 나라와 하늘의 뜻은 도대체 무엇을 의미할까요? 먼저 하나님 나라는 어렵지 않게 이해할 수 있습니다. 하나님이 통치하는 나라가 곧 하나님 나라인 것입니다. 이런 하나님 나라는 아마도 하나님이 계신 하늘(4차원의 세계)에 있을 것이며 그 하늘의 뜻은 바로 하나님 나라를 땅에도 구현하는 것이 될 것입니다. 이런 의미로 예수님은 뜻이 하늘에서와 같이 땅에서도 이루어진다라는 표현을 하셨다고 생각됩니다.

이 해석이 맞다면 이제 하늘의 뜻을 아는 것이 무엇보다 중요한 문제로 다가오게 됩니다. 이 하늘의 뜻은 곧 4차원 세계의 뜻으로 바꿔 말할 수 있을 것입니다. 이렇게 하늘과 땅을 차원 세계의 표현으로 다시 이야기하면 4차원 세계의 뜻을 3차원 세계에 이루는 것이 될 것입니다. 그런데 기독교계에서 아마 처음으로 4차원 세계에 대한 이야기를 하신 분이 있는데 바로 조용기 목사님입니다. 조용기 목사님은 2021년 돌아가셨지만 4차원 세계와 관련하여 4차원의 영성이라는 위대한 유산을 후대에게 남겨 주었습니다.

조용기 목사를 통한 4차원 세계의 계시

조용기 목사님은 고등학교 2학년 때 폐결핵에 걸려 죽음의 문턱까지 갔다가 하나님을 만나 완치된 후 목회의 길을 가게 된 분입니다. 처음 천막교회에서 시작하여 세계 최고의 순복음교회를 키우신 분으로 유명합니다. 우리는 조용기 목사님 하면 병을 고치는 신유은사를 떠올리게 되는 경우가 많은데 이보다 힘이 넘치는 영적 설교로 더 유명한 분이기도 했습니다. 특히 조용기 목사님은 4차원 영성을 강조하며 세계의 기독교인들에서 특별한 감명을 주었는데 그때 저도 많은 감명을 받았습니다.

조용기 목사님이 강조한 4차원 영성의 핵심은 '4차원의 영적 세계는 하늘나라의 영적 세상이고, 인간이 사는 3차원의 세계는 우리가 사는 세상이며, 4차원의 영성이 3차원의 세상을 지배한다'는 내용이었습니다. 당시 조용기 목사님은 4차원의 영성을 움직이는 영적 요소로 꿈, 생각, 믿음, 말 등을 제시하였습니다. 이러한 꿈, 생각, 믿음, 말 등이 3차원의 환경을 다스리고 변화시킨다는 것이었습니다. 우리는 꿈, 생각, 믿음, 말 등이 작동하는 원리를 이해할 때 비로소 3차원의 세상에서 4차원의 영성을 발휘할 수 있게 된다고 하셨습니다.

4차원 꿈, 생각, 믿음, 말의 비밀

그렇다면 조용기 목사님이 말하는 꿈, 생각, 믿음, 말은 어떤 것을 의미할까요?

4차원 영성의 첫째 요소는 '꿈'입니다. 꿈이 없는 사람은 죽은 사람이라는 말이 있습니다. 인생에서 꿈이라는 것은 인생 전체를 움직이는 원동력이라고 할 수 있습니다. 그런데 이러한 꿈은 제가 갖고 싶다고 가질 수 있는 것이 아니라 하나님이 주셔야만 가질 수 있는 것입니다. 그런 점에서 하나님을 통하여 품게 되는 꿈은 4차원에서 온 것이요 3차원을 점령하여 현실에서 이루어지게 하는 힘이라고 할 수 있습니다. 만약 하나님께 받은 꿈이 있다면 이제 그 꿈을 가지고 하나님께 나아가야 합니다. 그러면 예레미야 33장 3절 "너는 네게 부르짖으라 내가 네게 응답하겠고 네가 알지 못하는 크고 은밀한 일을 네게 보이리라"는 말씀처럼 크고 비밀한 꿈이 이루어지게 될 것입니다. 우리는 하나님께서 우리에게 주시는 4차원의 꿈을 간직하고 꾸어야 합니다. 그리하면 하나님이 사랑하는 자들을 위하여 3차원 세상에서 반드시 그 꿈을 이루어지게 해 주실 것입니다.

4차원 영성의 둘째 요소는 '생각'입니다. 꿈을 꾸었다면 이제 그 꿈을 이루기 위한 구체적 생각을 해야 하는 것입니다. 그런데 '생각'의 실체는 무엇일까요? 사전적으로는 인간이 경험한 기억이나 지식 등 추상적으로 마음에 남아 있던 것들이 의식 밖으로 떠오르는 것을 뜻합니다. 사람은 하루에도 수많은 생각 속에 살아갑니다. 한 과학자가 생각의 개수를 연구하여 발표한 적이 있었는데 그는 인간의 뇌가 구현할 수 있는 신경 구조는 10의 70조 제곱으로 추정할 수 있다고 했는데 가시적인 우주 천체에 있는 원자의 개수는 겨우 1,080개인 데 반해 뇌는 약 1,027개의 원자로 이루어졌다고 말하기도 했습니다. 그리고 생각의 개수는 뇌에 있는 것이 아니라 원자들 사이에 존재하는 엄청난 연결의 개수에서 나오는 것이라 했습니다. 또 우리 생각은 유한하지만 무한으로 가는 경계점에 있다고 주장하기도 했습니다.

그의 주장을 종합하면 3차원에서 생각의 실체를 파헤치는 것은 거의 어렵다는 이야기처럼 들립니다. 그런 점에서 생각의 실체는 4차원에서 나오는 것이 아닌가 여겨집니다. 4차원에서 오는 생각이 3차원에 반영되어 우리가 생각을 하게 된다는 이야기입니다. 사실 이러한 주장이 타당하다고 느껴지는 것은 내 마음(3차원)대로 생각을 조절할 수 없다는 데서 힌트를 얻을 수 있기도 합니다. 생각이 4차원에서 온다는 개념은 4차원 영성의 깊은 내면에서 생각이 나온다는 것을 의미하기도 합니다. 이때 4차원의 생각이 부정적이면 3차원에서도 부정적인 일이 생기게 되고, 4차원의 생각이 긍정적이면 3차원에서도 긍정적인 일들이 일어난다는 것이 조용기 목사님의 4차원 영성에서 말하는 생각의 핵심입니다. 그런 뜻에서 우리는 언제나 '할 수 있다', '좋게 될 것이다'라는 긍정적 생각으로 나아가기 위해 노력하는 태도를 가지는 것이 중요하다고 말할 수 있습니다.

4차원 영성의 셋째 요소는 '믿음'입니다. 대개 믿음은 내 의지로 갖게 될 것이라 생각하지만 조금만 믿음의 속성을 들여다보면 절대 내 의지로 가질 수 없는 것임을 금방 알 수 있게 됩니다. 그런 뜻에서 믿음이야말로 4차원 하나님에게서 유래한 것이라 할 수 있습니다. 하지만 믿음이 싹트기 위해서는 나의 결단도 필요한 법입니다. 마가복음 11장 22절에서 예수님이 십자가의 길을 가기 전에 제자들에게 "하나님을 믿으라"고 명령하시는 장면이 나옵니다. 하나님이 주시는 믿음의 씨와 내 결단이 만나면 비로소 믿음이 싹을 틔우게 됩니다. 하나님이 우리에게 믿음을 주시려고 하는 까닭은 우리가 믿음으로 순종하면 승리의 삶을 살 수 있기 때문입니다. 믿음은 우리가 3차원의 세계에서 지닌 한계와 약함을 극복하는 문을 여는 열쇠와 같기 때문입니다. 믿음의 힘을 증명한 사람이 바로 베드로입니다. 예수님이 베드로에게 "깊은 곳으로 가서 그물을 던져라"고 하셨을 때 베드로는 자신의 경험과 상식에 어긋나지만 믿음으로 순종하여 그물이 찢어질 만큼 물고기를 많이 잡는 경험을 할 수 있었습니다. 따라서 4차원의 요소인 이 믿음을 소유할 때 누구나 인생을 역전시켜 승리의 삶을 살아갈 수 있게 되는 것입니다.

4차원의 영성의 마지막 요소는 '말'입니다. 말은 하나님께서 천지 창조 사역을 하실 때 사용한 것입니다. 그런 면에서 4차원에서 온 말은 창조의 힘이 있다고 할 수 있습니다. 그런데 우리 인간이야말로 4차원의 창조적 말에 의해 탄생한 존재입니다. 게다가 하나님의 형상과 생기를 받아 지음 받는 존재입니다. 여기에서 우리는 말씀 그 자체이신 예수님을 떠올릴 수 있습니다. 우리가 말씀에 따라 살면 예수님 닮은 삶을 살수 있게 되는 것입니다. 이처럼 말은 4차원 영성에서 중요한 요소이며 말을 통하여 비로소 4차원의 꿈, 생각, 믿음이 3차원 세상에서 현실로 이루어지게 됨을 알아야 합니다.

조용기 목사님의 4차원 영성을 정리하면 4차원의 꿈, 생각, 믿음을 4차원의 말로서 3차원의 세계에 선포할 때 놀라운 역사가 일어난다고 할수 있습니다. 이것이 가능한 이유는 4차원의 영적 세계가 3차원의 물질 세계를 다스리는 원리로 하나님의 섭리가 이루어지고 있기 때문입니다. 실제 조용기 목사님도 세계 제일의 교회를 세우겠다는 꿈을 가지고 이 꿈을 어떻게 이룰 것인가 생각하며 이 생각이 이루어질 것이라는 믿음을 가지고 말로써 선포했는데 실제 3차원 세상에서 그 일이 이루어졌다고 합니다.

4차원 영성과 창조의 관계

제가 조용기 목사님의 4차원 영성에 주목하는 까닭은 창조를 이해하기 위해 4차원 영성에 대한 이해가 필요하다고 판단했기 때문입니다. 조용기 목사님은 4차원 영적 세계의 비밀을 깨닫고 4차원 영성에 관한 책을 저술한 바 있습니다. 일반적으로 교회는 청빈함을 강조하지만 조용기 목사님은 유독 부요함을 강조하여 교회 문화의 변화를 시도했습니다. 그런데 이러한 생각의 근원이 4차원 영성에서 나온 것임이 밝혀졌습니다. 조용기 목사님은 자신의 믿음이 성경뿐만 아니라 하나님께 직접 받은 영감에서 비롯되었다고 말씀하셨습니다. 조용기 목사님은 하나님의 특별한 계시가 성경으로 끝났다고 생각하지 않았던 것입니다. 조용기 목사님이 쓴 『3차원의 인생을 지배하는 4차원의 영성』에 보면 다음과 같은 이야기가 나옵니다.

"실제로 저는 〈4차원의 영적 세계〉를 통해 4차원의 비밀에 대한 개요를 저술한 바 있습니다. 사실 이러한 영적 개념을 이해하고 삶에 승리의 원동력으로 적용하는 원리를 깨달은 것은 스스로 연구한 것도 아니고 제가 누구에게 배운 것도 아닙니다. 성령님과 오랜 시간 동안 교제하는 가운데 성령님께서 제게 가르쳐주신 비밀입니다. 그런데 최근에

와서 하나님께서 제게 하루에 한 시간 이상씩 계속 계시를 주셨습니다. 저는 기도실에 앉아서 1시간 이상씩 하나님의 음성만 거듭해서 들었습니다. 굉장히 감격적이고 저의 영혼 속을 뒤흔들어 놓는 그러한 하나님의 계시였습니다." (조용기 목사 간증)

"어느 날 하나님께 간절히 기도하는 중에 마음 깊은 곳에서부터 성령의 강한 감동이 왔습니다. 마음속에 이런 음성이 들렸습니다. '조용기 목사, 1차원이 무엇이냐?' 네, 1차원은 두 점 사이에 선을 그은 줄입니다. 그랬더니 하나님은 즉각 말하셨습니다. 마치 약간은 웃음과 미소를 띠시는 것 같았죠. '틀렸다' 네? 1차원은 선이 아닙니까? '그렇다. 1차원은 두 점 사이에 선을 긋지만, 두께도 없고 넓이도 없어야 한다.' 그때서야 저는 1차원은 두께와 넓이가 없는 선이므로 그것은 가상적인 선일 수밖에 없다는 사실을 깨달을 수 있었습니다." (조용기 목사 간증)

조용기 목사님은 수차례나 성령으로부터 4차원에 대한 계시를 직접 받았다고 주장하였습니다. 사람은 원래 4차원의 영적인 존재입니다. 이 때문에 사람은 3차원의 세계에 태어나자마자 운명적으로 4차원의 영성에 속하고 4차원의 영적 지배를 받는 존재로 살아가게 되는 것입니다. 4차원은 영적인 세계입니다. 인간은 영혼을 가진 영적인 존재이기 때문에 3차원의 세상에 있지만 실제로는 4차원에 속한다고 볼 수 있습니다. 인간의 영은 하나님의 존재에는 비길 바가 못 되지만, 하나님의 형상과 모양으로 지음 받았기 때문에 영원과 무한함을 알 수 있습니다. 예를 들면, 시간의 영원성을 느끼기도 하고, 무한한 우주의 생각을 품고 기도하며, 눈에 보이지 않는 세상의 생각도 품을 수가 있는 것이 그 증거라고 할 수 있습니다.

창조를 해석하려면 4차원의 영성이 매우 중요합니다. 3차원 세계의 창조는 인간이 가진 4차원 영성인 꿈, 생각, 믿음, 말의 순서로 이루어지기 때문입니다. 예를 들면 누군가 교육자가 되겠다는 꿈을 가지게 되었다고 가정해 보겠습니다. 이 사람은 교육자의 자질을 갖추려면 우선 많이 배워야 한다는 생각하게 될 것입니다. 그 뒤, 그는 공부를 많이 하고 지식을 쌓게 될 것입니다. 하지만 저는 다른 무엇보다 이 사람 스스로가 교육자가 될 수 있다는 믿음을 가지는 것이 중요하다고 생각합니다. 믿음이야말로 현실에서 이루어지게 하는 힘이기 때문입니다. 그리고 이 믿음은 반드시 말로 선포해야 합니다. 말이야말로 실제로 창조가 일어나게 하는 에너지를 갖고 있기 때문입니다. 그렇게 한다면 이 사람은 실제 학생들을 가르치는 교육자가 될 수 있는 것입니다.

5막

3차원 천국의 비밀에 대한 이해

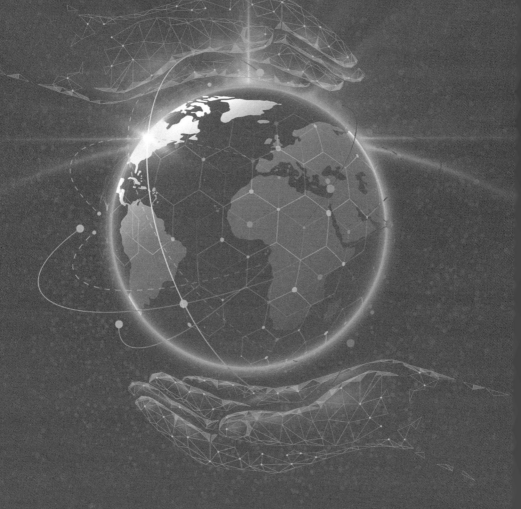

1. 세 가지 빛과 어둠의 의미

세 가지 빛이 의미하는 것

앞에서도 언급한 바와 같이 저는 성경에 나오는 빛이 세 가지 뜻으로 표현되고 있다고 생각하고 있습니다. 첫째는 창조의 빛이요, 둘째는 태양의 빛이며, 셋째는 생명의 빛입니다.

첫째, 창조의 빛은 창세기 1장 3~5절에 잘 나타나 있습니다.

하나님이 빛이 있으라 하니 빛이 있었고 빛이 하나님 보시기에 좋았더라 하나님이 빛과 어둠을 나누사 하나님이 빛을 낮이라 부르시고 어둠을 밤이라 부르시니 저녁이 되고 아침이 되니 이는 첫째 날이니라(창세기 1:3~5)

저는 이 빛이 지구를 창조하기 위한 빛이라고 주장한 바 있습니다. 그런 점에서 창조의 빛은 지구의 빛이라고 할 수 있고 이 창조의 빛은 오늘날 지구 중심에 자리하고 있는 내핵으로 추정되고 있습니다. 그런데 하나님은 왜 창조의 빛을 제일 처음으로 만드셨을까요? 그것도 지구보다 훨씬 큰 태양의 빛보다 먼저 만드셨을까요? 그것은 하나님의 입장에서 창조의 빛이야말로 소중한 의미가 내포되어 있기 때문이라고 생각됩니다.

먼저 이 창조의 빛이 3차원 세계에서 처음으로 창조된 존재라는 것을 인식할 필요가 있습니다. 그런데 3차원 물질의 창조는 4차원 세계의 뜻에서 비롯된다는 이야기를 하였습니다. 즉, 4차원 세계의 뜻이 최초로 3차원 세계에 구현된 것이 바로 창조의 빛이었던 것입니다. 그렇다면 3차원 창조의 빛을 위한 4차원 세계의 뜻은 무엇이었을까요? 4차원 세계에도 빛이 있었습니다. 그 빛은 바로 예수님과 성령님의 빛이었습니다. 이 빛을 3차원 세계에 구현한 것이 바로 창조의 빛이었던 것입니다. 그런 점에서 하나님은 창조의 빛을 통하여 지구에, 나아가 인간에게 엄청난 일을 할 것임을 암시하고 있다고 할 수 있겠습니다.

둘째, 태양의 빛은 창세기 1장 14~16절에 잘 나타나 있습니다.

하나님이 이르시되 하늘의 궁창에 광명체들이 있어 낮과 밤을 나뉘게 하고 그것들로 징조와 계절과 날과 해를 이루게 하라 또 광명체들이 하늘의 궁창에 있어 땅을 비추라 히시니 그대로 되니라 하나님이 두 큰 광명체를 만드사 큰 광명체로 낮을 주관하시고 작은 광명체로 밤을 주관하게 하시며 또 별들을 만드시고(창세기 1:14~16)

하나님께서 태양의 빛을 만든 것은 쉽게 이해할 수 있습니다. 3차원 지구는 물질로 이루어진 세상이고 물질로 이루어진 생명이 살아가기 위해서는 에너지가 필요합니다. 하나님께서는 이러한 물질 세상의 에너지 공급원으로 태양을 창조하셨던 것입니다. 하나님이 창조하신 물질 중 어느 하나 인간에게 중요하지 않은 것은 없겠지만 그중에 태양은 인간과 자연계의 동물과 식물이 생존하는 데 있어 가장 중요한 것이라 하지 않을 수 없습니다. 특별히 하나님께서 가장 소중히 여기는 존재는 역시 인간일 테고 하나님께서는 이 인간에게 빛과 에너지를 공급하기 위해 태양 빛을 창조하셨다고 볼 수 있습니다. 그런 점에서 우리는 태양에게 늘 감사한 마음을 가져야 할 것입니다.

셋째, 생명의 빛은 결국 예수님을 뜻하는 빛이라고 할 수 있습니다.

태초에 말씀이 계시니라 이 말씀이 하나님과 함께 계셨으니 이 말씀은 곧 하나님이시라 그가 하나님과 함께 계셨고 만물이 그로 말미암아 지은 바 되었으니 지은 것이 하나도 그가 없이는 된 것이 없느니라 그 안에 생명이 있었으니 이 생명은 사람들의 빛이라(요한복음 1:1~4)

예수님은 원래 하나님의 아들로 4차원 세계에서 말씀으로 존재하던 분이었는데 인간에게 생명의 빛을 주기 위해 육신의 몸으로 이 땅에 오셨습니다. 여기에서 우리는 왜 인간에게 생명의 빛이 필요할까에 대해 생각해 봐야 할 것입니다. 창조의 빛으로 인해 가장 먼저 구분된 것은 어둠을 분리해 낸 것이라 할 수 있습니다. 빛이 오기 전까지는 어둠만 있었기 때문에 어둠 자신은 어둠을 인식할 수가 없었지만 창조의 빛이 옴으로 인해 비로소 어둠을 인식할 수 있게 되었습니다. 뿐만 아니라 빛이야말로 어둠을 제거할 수 있다는 사실을 알게 되었습니다.

오늘날에도 세상은 빛과 어둠으로 나누어져 있고 이것은 인간의 마음에도 고스란히 복사되어 있습니다. 인간의 마음에는 하나님의 형상으로부터 이어받은 빛이 있지만 사단의 힘으로부터 이어받은 어둠도 존재하고 있었습니다. 그런데 3차원 세상은 사단이 지배하는 세상이기에 어둠의 세력이 더 강하게 자리 잡고 있습니다. 이 어둠은 곧 '죄'라는 모양으로 세상에 드러나 세상을 어지럽히고 있습니다. 그리고 인간의 삶을 고통에 빠트리는 원인으로 작동하고 있습니다. 인간은 이 문제를 해결해야 비로소 4차원의 천국을 이 땅에 이룰 수 있게 됩니다. 하나님은 이 사실을 너무도 잘 알고 있었기에 생명의 빛이신 예수님을 이 땅에 보내신 것입니다. 이제 인간은 생명의 빛이신 예수님을 받아들이느냐 아니면 거부하느냐의 갈림길에 서게 됩니다.

성경에서는 인간이 죽으면 육신은 땅으로 돌아가지만, 영혼은 하나님의 심판을 받게 된다고 말하고 있습니다. 심판의 여부에 따라 천국으로 갈지 지옥으로 떨어질지가 결정된다고 말하고 있는 것입니다. 그런데 예수님을 받아들인 사람은 천국에 가게 된다고 말하고 있습니다. 그것은 예수님이 생명의 빛이기 때문에 가능한 일이라고 할 수 있습니다. 예수님을 받아들임으로써 내 안에도 생명의 빛이 들어오게 되고 이 생명의 빛이 어둠(죄)을 깨끗이 씻어 주므로 나도 깨끗해져서 천국에 들어가게 되는 원리가 작동하는 것입니다.

천국은 곧 빛이기 때문에 어둠을 가지고서는 결코 천국에 갈 수가 없습니다. 그런데 생명의 빛이신 예수님을 받아들이면 생명의 빛에 의해 어둠이 삭제되므로 밝게 되어 천국에 들어갈 수 있게 되는 것입니다. 이것은 마치 컴퓨터의 삭제 기능으로 죄가 있는 파일이 삭제되는 것과 같다고 연상됩니다. 이와 관련된 성경 구절을 소개하면 다음과 같습니다.

예수께서 이르시되 나는 부활이요 생명이니 나를 믿는 자는 죽어도 살겠고 무릇 살아서 나를 믿는 자는 영원히 죽지 아니하리니(요한복음 11:25~26)

영접하는 자 곧 그 이름을 믿는 자들에게는 하나님의 자녀가 되는 권세를 주셨으니 이는 혈통으로나 육정으로나 사람의 뜻으로 나지 아니하고 오직 하나님께로 난 자들이니라(요한복음 1:12~13)

세상 끝에도 이러하니라 천사들이 와서 의인 중에 악인을 갈라내어 풀무 불에 던져 넣으리니 거기서 울며 이를 갈리라 아멘(마태복음 13:49~50)

성경의 빛과 어둠이 상징하는 것

3차원 세계에서 최초의 창조물이 빛이라는 것은 매우 큰 의미를 나타낸다고 볼 수 있습니다. 사실 천지 창조의 역사는 대서사극의 시작이라고 볼 수 있는데 대서사극의 시작이 빛이라는 의미는 마지막 엔딩도 해피엔딩이 될 수 있다는 것을 상징적으로 보여주는 장면으로도 해석할 수 있기 때문입니다.

여기에서는 이러한 빛이 상징하는 것이 무엇인지 히브리어 원어를 통하여 알아보고자 합니다. 참고로 히브리어는 한자와 같이 그림 모양을 본떠 만든 상형 문자입니다. 히브리어 원어로 빛은 '오르'인데 오르는 하나님+갈고리+우두머리 모양의 문자로 구성되어 있습니다. 이 그림을 해석해 보면 하나님이 우리의 삶에서 우두머리로 다스리는(갈고리로 묶여 있는) 상태를 나타낸다고 볼 수 있습니다. 하나님이 우리의 삶에 최우선(우두머리) 순위가 되는 것이 곧 빛이라 할 수 있고 이러한 빛 가운데 살게 되면 우리 인생에 선함, 희망 등의 생명력이 나타날 수밖에 없을 것입니다.

이러한 빛이 어둠의 땅을 비추면 비로소 어둠의 존재가 드러나게 됩니다. 보통의 사람들은 어둠에 대하여 부정적 인식을 갖고 있는 게 사실입니다. 어둠은 곧 죄와 연결되고 온갖 부정적인 것들을 양산해 내기 때문입니다. 하지만 세상의 모든 것에는 양면성이 있음을 알아야 합니다. 빛도 진짜 빛이 있는 반면 가짜 빛도 있을 수 있고 어둠도 무조건 나쁜 어둠만 있는 게 아니라 좋은 어둠도 있을 수 있다는 것입니다.

천지 창조의 역사에서도 어둠이 등장하게 되는데 창세기의 어둠에는 우리가 생각하는 그런 부정적 의미만 있는 것이 아니라는 사실이 새롭게 다가옵니다. 어둠의 히브리어는 '호쉐크'로 울타리+이빨+구부린 손의 모양으로 구성되어 있습니다. 이 그림을 해석해 보면 신의 울타리 안에서 이빨을 드러내기도 하고 손을 구부리기도 하는 것을 연상할 수 있습니다. 이렇게만 보면 어둠은 부정적으로만 보이지만 창세기의 호쉐크(어둠)에는 관사 '라'가 붙어 라호쉐크로 기록되고 있다는 사실에 주목해야 합니다. 관사 라가 붙은 라호쉐크는 일반적 어둠이 아니라 특별한 어둠을 뜻하기 때문입니다. 즉, 하나님이 부정적 의미의 어둠에도 특별한 의미를 부여하여 긍정적으로 사용할 것이라는 상징이 담겨 있는 것이 곧 라호쉐크가 되는 것입니다.

이에 대한 이해를 돕기 위해 낮과 밤의 성경 원어적 의미도 살펴볼 필요가 있습니다. 낮은 히브리어로 '욤'인데 이는 손+갈고리+세상의 글자로 구성되어 있습니다. 즉, 하나님의 손이 세상에 붙어 있는(갈고리로) 시간이 곧 낮이라고 볼 수 있는 것입니다. 한편, 밤은 '라일라'인데 이는 막대+손+막대+창문의 글자로 구성되어 있습니다. 여기서 막대는 하나님의 인도함을 받는다는 뜻을 지니므로 밤은 창문 안에서 하나님 손의 인도와 보호를 받는 시간으로 해석할 수 있습니다. 이를 연결시키면 낮은 세상 속에서 하나님의 보호 아래 일하는 시간이며 밤은 창문 안의 집에서 하나님의 인도와 보호를 받는 시간이 됩니다.

이처럼 성경에서는 낮과 밤의 의미를 하나님과 연관시켜 이해하고 있습니다. 천지 창조에서 날을 구분할 때 '저녁이 되고 아침이 되니'라는 표현이 자주 등장하는데 이는 낮과 밤, 빛과 어둠을 연합시켜 하루를 만들기 위한 장치로 해석할 수 있습니다. 어둠과 밤에 해당하는 저녁과 빛과 낮에 해당하는 아침을 교묘히 연결시키고 있는 것입니다. 저녁과 아침을 원어로 해석해 보면 저녁에 해당하는 '에레브'는 눈+우두머리

+집이라는 모양으로 구성되어 있습니다. 이는 곧 저녁은 하나님의 집으로 눈을 돌리는 시간으로 해석됩니다. 실제 우리는 저녁이 되면 하루 일을 마치고 집으로 향하게 됩니다. 그리고 아침에 해당하는 '보켈'은 집+바늘구멍+우두머리의 글자로 구성되어 있는데 이는 하나님의 집에서 나오면 미미한 존재(바늘구멍)가 되므로 다시 우두머리와 함께 하루를 시작하는 시간이라는 의미로 해석할 수 있습니다.

성경은 이렇듯 저녁과 아침을 연결시키고 밤과 낮도 연결시키고 있다는 사실을 알 수 있습니다. 이것은 밤과 낮, 저녁과 아침을 구분하는 인간의 시각과 정반대입니다. 우리는 빛과 어둠, 낮과 밤, 저녁과 아침을 이분법으로 나눠 보려는 생각을 가지지만 하나님은 서로 대비되는 이 둘을 철저히 연합시키고 있는 것입니다. 여기에서 우리 인간은 분리를 선택했지만 하나님은 연합으로 분리의 문제를 해결하려 하고 있다는 사실을 깨달아야 합니다. 천지 창조에서 제일 먼저 일어난 빛의 창조가 하나의 날(첫째 날이 아님)에 일어났다는 사실도 이것을 암시하고 있습니다. 따라서 우리는 빛과 어둠이 상징하고 있는 연합, 하나 됨의 의미를 깨닫고 실천하기 위해 노력해야 할 것입니다. 그리고 빛에 대한 가장 큰 고마움은 빛이 있으므로 보이지 않는 세상이 거시적 세상으로 드러나기 때문이라 할 수 있습니다.

2. 창조에 담긴 하나님의 뜻

하나님의 우주 창조에 대한 전체적 그림

당신은 성경 전체의 주제를 무엇이라고 생각하나요? 만약 성경을 전체적 맥락으로 읽어본 사람이라면 성경의 주제가 '하나님의 사랑으로 죄에 빠진 인간을 구원하는 것'이라고 이해할 수 있을 것입니다. 이때 인간을 구원하는 중보자로 세운 분이 곧 예수님이고 성경에는 예수님을 통하여 구원받는 방법이 잘 기록되어 있습니다.

성경 전체의 주제가 인간의 구원에 있다면 이제 우리는 왜 하나님이 천지 창조를 한 것인지 이해하는 데에도 도움을 얻을 수 있습니다. 만약 성경을 하나의 문학 작품으로 본다면 천지 창조는 작품의 첫 장면에 해당하게 됩니다. 대개 문학 작품에서 첫 장면은 엔딩과 함께 매우 중요한 부분으로 다뤄집니다. 첫 장면에 작품 전체의 주제를 암시하는 내용을 넣은 것을 문학에서는 높이 평가받게 됩니다. 마찬가지로 성경 역시 이러한 문학적 장치를 사용하여 천지 창조를 첫 장면으로 제시했다고 보여집니다.

이 해석이 맞다면 천지 창조에는 인간의 구원이라는 성경 전체의 주제가 암시되어 있다고 볼 수 있습니다. 도대체 천지 창조의 어디에 인간의 구원이 들어 있단 말인가, 하고 의문을 가질 사람들이 많을 것입니다. 이제부터 이에 대한 이해를 돕기 위해 천지 창조를 영화의 한 장면이라고 가정해 보도록 하겠습니다.

영화의 화면에 등장하는 요소들을 살펴보면 주인공이 있고 이를 받쳐주는 조연이 있으며 영화의 배경으로 뒤를 받쳐주는 미장센이라는 것이 있습니다. 여기서 미장센이란 영화의 배경으로 등장하는 환경을 뜻한다고 보면 될 것입니다. 최근 영화의 추세는 이 미장센의 중요성이 대두하고 있는 상황입니다. 배경이 잘 받쳐 줘야 주인공도 스토리도 더 잘 살 수 있기 때문입니다.

이제 하나님은 4차원 세계의 뜻을 바탕으로 물질 세계를 창조하기 시작하는데 하늘과 땅, 물과 빛부터 시작하여 바다와 식물과 동물까지 모든 창조물들을 만들어 냅니다. 그런데 이 모든 창조물들이 모두 인간의 삶에 도움을 주기 위한 장치로 꼭 필요한 것들입니다. 하늘과 땅, 물과 빛, 바다와 생물 중 하나라도 없으면 인간은 3차원 세계에 단 한순간도 살아갈 수가 없기 때문입니다. 그런 점에서 하늘과 땅, 물과 빛, 바다 등은 영화의 미장센에 해당하는 부분으로 생각할 수 있습니다. 그리고 식물과 동물 등은 영화의 조연으로 여길 수도 있을 것입니다. 이렇게 보면 천지 창조는 오직 인간이 3차원 세상에서 주인공으로 잘 살아갈 수 있도록 하기 위해 창조된 그림으로 완성될 수 있을 것입니다.

이제 하나님이 우주를 창조한 목적이 명확해졌습니다. 오직 인간을 위해 지구의 환경과 태양계, 은하계, 우주까지 만들어 내신 것입니다. 지구를 위해 태양계가 필요했고 태양계를 위해 은하계가 필요했으며 은하계를 위해 우주가 필요했던 것입니다.

지구와 인간이 핵심인 이유

결국 천지 창조의 목적은 지구와 인간으로 귀결됩니다. 우주에서 지구가 중심이 되는 이유는 이곳에서 인간이 살아야 하기 때문입니다. 그런 점에서 천지 창조의 목적은 인간을 위해서라고 단정 지을 수 있습니다. 하나님께서는 왜 이토록 인간을 사랑하신 것일까요? 그 오묘한 뜻에 대해 미천한 인간이 다 이해할 수는 없겠지만 이것은 성경에 나타난 아담과 예수님의 계보를 통해 어느 정도 유추해 낼 수 있습니다. 성경에는 창세부터 예수님이 오시기 전까지, 즉 아담부터 신약 시대까지 끊임없이 기록한 것을 볼 수 있습니다.

[아담의 족보]

아담은 130세에 셋을 낳았습니다. 셋은 에노스를 낳고, 에노스는 게난을 낳았고, 게난은 마할랄렐을 낳았고, 마할랄렐응 야렛을 낳고, 야렛은 에녹을 낳았습니다.

에녹은 므두셀라를 낳고, 므두셀라는 라멕을 낳고, 라멕은 182세에 노아를 낳고 노아는 500세 된 후에 셈과 함과 야벳을 낳았습니다.

[노아의 족보]

노아는 홍수가 끝나고 야벳은 고멜과 마곡과 마대와 야완과 두발과 메섹과 디라스를 낳고, 함의 아들은 구스와 미스라임과 붓과 가나안을 낳고, 셈은 엘람과 앗수르와 아르박삿과 룻과 아람을 낳았습니다. 셈은 100세에 아르박삿을 낳았고, 아르박삿은 셀라를 낳았고, 셀라는 에벨을 낳고, 에벨은 벨렉을 낳고 벨렉은 르우를 낳고 르우는 스룩을 낳고, 스룩은 나홀을 낳고, 나홀은 데라를 낳고, 데라는 아브람과 나홀과 하란을 낳았습니다.

[아브라함의 족보]

아브람은 사래와 결혼하였고 사라가 아이를 낳지 못하자 몸종 하갈에서 이스마엘을 낳았습니다. 하나님은 아브람을 아브라함으로 불렀습니다. 아브라함은 열국의 아버지란 뜻이며 사래가 사라로 열국의 어머니로 불렸습니다. 아브람은 100세에 사라의 몸에서 이삭을 낳았습니다. 이삭은 에서와 야곱을 낳고 야곱은 12형제를 낳고, 그중에 요셉이 있었습니다.

마태복음 1장에는 예수 그리스도 계보가 나옵니다.

아담과 다윗의 자손 예수 그리스도의 계보라. 아브라함이 이삭을 낳고 야곱은 유다와 그의 형제를 낳고, 유다는 다말에게서 베레스와 세라를 낳고, 베레스는 헤스론을 낳고, 헤스론은 람을 낳고, 람은 아미나답을 낳고, 아미나답은 나손을 낳고, 나손은 실몬을 낳고, 실몬은 라합에게서 보아스를 낳고, 보아스는 룻에게서 오벳을 낳고, 오벳응 이새를 낳고, 이새는 다윗 왕을 낳으니라. 다윗은 우리아 아내에게서 솔로몬을 낳고, 솔로몬은 르호보암을 낳고, 르호보암은 아비야를 낳고, 아비아는 이사를 낳고, 이사는 여호사밧을 낳고, 여호사밧응 요람을 낳고, 요람은 웃시아를 낳고, 웃시아는 요담을 낳고, 요담은 아하스를 낳고, 아하스는 히스기아를 낳고, 히스기야는 므낫세를 낳고, 므낫세는 아몬을 낳고, 아몬은 요시아를 낳고, 바벨론으로 사로잡혀 갈 때에 요시야는 여고냐와 그의 형제들을 낳으니라. 바벨론으로 사로잡혀 간 후에 여고냐는 스알디엘을 낳고 스알디엘은 스룹바벨을 낳고, 스룹바벨은 아비홋을 낳고 아비홋은 엘리아김을 낳고, 엘리아김은 아소르를 낳고. 아소로는 사독을 낳고, 사독은 아킴을 낳고, 아킴은 엘리웃을 낳고, 에리웃은 엘르아살을 낳고, 엘르아살은 맛단을 낳고, 맛단은 야곱응 낳고, 야곱은 마리아의 남편 요셉을 낳았으니 마리아에게서 그리스도라 칭하는 예수가 나시니라.

성경은 왜 아담으로부터 예수님까지 끊임없이 계보를 기록하고 있을까요? 성경은 40명이 쓴 한 권의 책입니다. 그러나 아담으로 시작하여 예수님이 탄생하기까지 약 4,000년 동안 일괄적으로 기록했다는 것이 참으로 놀랍습니다. 하나님은 다윗을 이스라엘 왕으로 세우시고 이스라엘 민족을 통치했습니다. 그 후로 하나님은 독생자 아들을 구원자로 이스라엘에 보내셨습니다. 마태복음 1장 1절에 의하면 예수님을 아브라함과 다윗의 자손 예수 그리스도라 하셨습니다. 하나님은 아담을 만드신 이후부터 끝없이 계보를 두셨고 이를 통하여 인간을 사랑하고 있었음을 깨닫게 됩니다. 그래서 여호와 하나님께서는 인간을 사랑하셔서 구원자 예수를 2,000년 전에 이 땅으로 보내셨습니다. 이러한 모든 것을 연상해 볼 때 하나님이 천지 만물을 창조하신 것도 인간을 위하여 창조하신 뜻으로 생각할 수 있습니다.

인간 구원과 천국 완성을 위한 창조의 비밀

천지 창조의 목적이 인간의 구원을 위해서라고 했는데 여기에서 말하는 구원의 의미를 정확히 이해하는 것이 필요할 것입니다. 가정의 아이가 자라는 과정을 생각해 보면 구원의 의미를 좀 더 쉽게 이해할 수 있을 것입니다. 아이는 아직 성숙하지 못한 상태이기 때문에 많은 잘못을 저지르게 됩니다. 이것을 교육을 통하여 하나하나 배워 가는 과정이 아이의 때라고 할 수 있습니다. 이렇게 아이가 잘 자라 사회에도 기여하는 사람으로 성장하게 되면 이제 부모의 마음은 흐뭇해질 것입니다. 이처럼 미성숙한 아이가 자라 성숙한 어른으로 되어 가는 것을 구원에 비유할 수 있습니다. 그런 점에서 구원은 완성해 가는 의미가 있다고 할 수 있습니다.

이러한 하나님의 구원은 곧 천국과 연결되어집니다. 예수님은 주기도

문을 통하여 하늘의 뜻이 땅에서 이루어진다는 표현을 하셨습니다. 여기서 하늘은 완성된 공간, 곧 천국을 상징합니다. 반면 땅은 미완성된 공간을 뜻하며 하늘의 뜻이 땅에서 이루어진다는 의미는 땅도 곧 하늘의 천국처럼 완성되어 하늘의 천국처럼 된다는 뜻을 내포하고 있습니다.

이것은 인간의 구원이 먼저는 땅에서 이루어져야 함을 뜻한다고 볼 수 있습니다. 대개 기독교인들은 구원을 죽어서 천국 가는 것으로만 생각하는데 성경은 이런 구원보다 땅에서 이루어지는 구원에 대하여 더 많은 이야기를 하고 있다는 사실을 알아야 합니다.

저는 오늘날 4차 산업 혁명으로 4차원의 뜻이 점점 땅에서 이루어지고 있다고 생각하고 있습니다. 만약 가상과 현실이 결합한 세상인 메타버스 세계의 기술이 완성된다면 4차원의 세계처럼 시공간을 초월한 세상을 살 수 있는 날이 머지않아 올 수도 있을 것입니다. 하나님께서는 인간에게 이러한 땅의 천국을 완성할 수 있도록 과학 지식을 더해 주셨고 이제 4차 산업 혁명의 기술까지 선물로 주신 것입니다. 이에 이 땅에 천국이 완성될 날이 더 가까이 다가오고 있다는 사실을 실감할 수 있습니다. 이것을 성경에서는 마지막 때라고 표현한 것이 아닌가, 생각되기도 합니다. 결국 마지막 때는 지구가 멸망하는 때가 아니라 천국이 완성되는 때라고 보는 것이 더 타당할 듯싶습니다.

이제 우리는 어떻게 해야 할 것인가?

지금까지 이야기한 천국의 완성은 물질 천국의 완성에 대한 이야기였습니다. 하지만 4차원 천국의 핵심은 물질 천국만이 아니라 정신의 천국에 있음을 알아야 할 것입니다. 이것은 누가복음 17장 20~21절에 잘 나타나 있습니다.

바리새인들이 하나님의 나라가 어느 때에 임하나이까 묻거늘 예수께서 대답하여 이르시되 하나님의 나라는 볼 수 있게 임하는 것이 아니요 또 여기 있다 저기 있다고도 못하리니 하나님의 나라는 너희 안에 있느니라(누가복음 17:20~21)

천국(하나님 나라)의 잿밥에 관심이 많았던 바리새인들이 예수님에게 천국이 언제 임하냐고 물었을 때 예수님은 천국이 볼 수 있게 임하는 것이 아니라 마음에 임한다고 답해 주었습니다. 이를 통하여 예수님이 말씀하신 천국의 본질은 물질적 개념이 아니라 비물질적 개념에 있음을 알 수 있습니다.

그렇다고 물질적 개념을 무시하는 것은 아닙니다. 세상의 모든 것은 본질과 상징으로 구성되어 있는데 늘 본질은 뜻을 포함하는 성질이 있습니다. 반면 상징은 본질의 뜻을 나타내기 위한 물질적 형상으로 드러나는 특징이 있습니다. 이런 기준으로 생각할 때 앞에서 이야기한 물질 천국의 완성은 상징이라 할 수 있고 마음 천국의 완성이야말로 본질이라 할 수 있는 것입니다. 4차원 세계는 이러한 본질과 상징이 완전한 조화를 이루고 있는데 3차원 세계 역시 이러한 본질과 상징의 조화로 천국이 완성되어야 하는 것입니다.

그런 점에서 곧 다가올 물질 천국의 세상에 맞는 마음의 구원을 이루는 것은 무엇보다 중요한 문제라 하지 않을 수 없습니다. 어떻게 마음의 천국에 이를 수 있을까요? 이 역시 예수님을 본받으면 어렵지 않게 해결할 수 있다고 생각합니다. 예수님은 4차원의 영인 성령을 통하면 우리 마음이 구원을 얻을 수 있다고 강조하고 있습니다. 성경에서는 성령으로 이루어지는 것들에 대해 다음과 같이 표현하고 있습니다.

오직 성령의 열매는 사랑과 희락과 화평과 오래 참음과 자비와 양선과 충성과 온유와 절제니 이 같은 것을 금지할 법이 없느니라(갈라디아서 5:22~23)

하나님의 나라는 먹는 것과 마시는 것이 아니요 오직 성령 안에서 의와 평강과 희락이라(로마서 14:17)

우리는 이 말씀을 통하여 오직 성령 안에서 우리 마음의 천국을 이룰 수 있음을 알게 됩니다. 따라서 마음의 구원에 이르기 위해서는 이러한 성령을 우리 마음에 받아들이고 성령의 인도함에 따라 행동하려는 노력이 필요합니다. 이것을 성경에서는 '성령을 위하여 심는 자'라고 표현하고 있습니다.

자기의 육체를 위하여 심는 자는 육체로부터 썩어진 것을 거두고 성령을 위하여 심는 자는 성령으로부터 영생을 거두리라(갈라디아서 6:8)

즉, 인간은 아담의 죄로부터 비롯된 육체의 죄가 있습니다. 만약 인간이 이러한 육체의 죄에 따라서만 살게 되면 거기에 천국과 구원은 절대 있을 수 없게 됩니다. 반면 성령의 뜻에 따라 순종하는 사람은 영생을 얻게 되는데 여기서 말하는 영생이 곧 구원이요 천국입니다. 따라서 마음의 구원은 곧 보혜사 성령에 달려 있다고 해도 무방할 것입니다.

그렇다면 인간이 마음의 천국을 얻기 위해 순종해야 할 하나님의 뜻은 무엇일까요? 이에 대해 예수님은 가장 큰 두 가지 계명을 말씀하셨습니다.

선생님이여 율법 중에 어느 계명이 크니이까 예수께서 이르시되 네 마음을 다하고 목숨을 다하고 뜻을 다하여 주 너의 하나님을 사랑하라 하셨으니 이것이 크고 첫째 되는 계명이요 둘째는 그와 같으니 네 이웃을 네 몸과 같이 사랑하라 하셨으니 이 두 계명이 온 율법과 선지자의 강령이니라(마태복음 22:36~40)

즉, 하나님을 사랑하고 이웃을 내 몸과 같이 사랑하는 것이 곧 하나님의 뜻에 순종하는 것이며 이때 인간의 마음에 천국이 이루어진다고 말씀하신 것입니다. 하나님을 사랑한다는 뜻은 하나님의 계명대로 산다는 뜻이기도 합니다. 우리가 누구를 사랑하게 되면 그의 뜻을 다 들어주는 것과 비슷한 원리입니다. 이 세상은 하나님의 뜻에 의해 돌아가고 있으므로 하나님의 계명대로 살면 마음에도 질서가 생겨 요동할 일이 없어질 것입니다. 그러니 마음에 천국이 임할 수밖에 없습니다. 또 이웃을 사랑하게 되면 첫째로 서로 싸울 일이 없게 되고 둘째로 마음에 기쁨과 행복이 생기게 되니 당연히 마음의 천국이 이루어지게 됩니다. 하나님 사랑과 이웃 사랑에는 이처럼 마음을 천국으로 이끌어 주는 원리가 포함되어 있기에 예수님께서는 마음의 천국을 위해 인간이 지켜야 할 가장 큰 계명으로 십계명 중 이 두 가지를 강령하셨던 것입니다. 따라서 우리는 이 두 가지 계명을 목숨처럼 여기고 잘 지키면 반드시 이 세상에서나 저 세상에서도 천국을 얻을 수 있을 것입니다.

이처럼 두 계명은 4차원 천국의 핵심적인 뜻을 담고 있는 하나님의 뜻입니다. 우리 3차원 인간은 이러한 4차원에 계신 하나님의 뜻에 따라 지음 받은 존재입니다. 따라서 하나님의 뜻에 순종할 때 우리는 마음의 천국뿐만 아니라 땅에서의 천국도 이룰 수 있을 것이고 그 상징적 모양은 4차 산업 혁명으로 완성될 첨단 과학의 천국 모양으로 나타날 것으로 생각하고 있습니다.

하나님은 천국 같은 수준의 과학을 인간에게 선물하셨습니다. "들을 귀 있는 자는 들을지어다"라고 예수님이 여러 번 말씀하셨던 것처럼 비록 우리가 죄를 지었더라도 회개하고 하나님 앞으로 돌아오면 하나님은 우리를 반갑게 맞이하십니다. 그리고 진심으로 온전히 하나님을 믿고 이웃을 내 몸과 같이 서로 사랑하면 과학으로 인해 만들어진 천국 같은 이 땅에서 천국 시민처럼 살면서 죽어서도 하늘나라로 인도될 것입니다. 이에 대해 성경에서는 다음과 같이 말씀하고 있습니다.

예수께서 이르시되 나는 부활이요 생명이니 나를 믿는 자는 죽어도 살겠고 무릇 살아서 나를 믿는 자는 영원히 죽지 아니하리니 이것을 네가 믿느냐(요한복음 11:25:26)

이 말씀 중에 살아서 나를 믿는 자는 영원히 죽지 아니하리라는 말씀이 곧 이 땅에서 천국이 완성된다는 뜻을 내포하고 있다고 생각합니다. 즉, 물질적으로는 과학으로 인해 발전된 천국 같은 세상이 도래할 것이요, 정신적으로는 하나님을 진실로 믿고 이웃을 내 몸과 같이 사랑함으로써 모두가 행복해지는 천국이 도래함으로써 이 땅의 천국이 완성될 것입니다. 우리는 오늘도 이러한 천국의 완성을 위해 기도해야 합니다. 나아가 이러한 복음을 믿고 하나님께로 돌아오는 천국 시민이 더욱 많아지기를 위해 기도하며 열심히 방법을 모색하며 살아가야 하지 않을까요?

긴 글을 끝까지 읽어 주셔서 감사합니다.

천지 창조의 비밀 글을 마치며

요즈음 세상은 마치 천국에서 있을 법한 세상이 현실로 나타나고 있습니다. 그동안 인간이 공상해왔던 것들이 현실로 이루어지고 있으니 참으로 놀랍습니다. 하나님은 전지전능하신 과학자입니다. 그러므로 만물을 과학적으로 창조하셨습니다. 또한 과학을 인간에게 선물하신 것을 알아야 합니다. 그러나 요즈음 우리의 믿음이 과학이 발달하면서부터 신앙에서 멀어지는 것이 안타까운 일입니다.

성경은 하나님께서 천지를 창조하신 목적은 인간에 있으며 우리가 발을 딛고 살 수 있는 터전의 지구를 창조하셨다고 말씀하고 있습니다. 이렇게 창조된 모든 것을 인간에게 선물하신 것으로 알 수 있습니다. 이러한 뜻은 인간으로 인하여 당신의 영광과 찬양받기 원하신 인간의 창조라 할 수 있습니다.

물리적으로 하나님은 미시 세상에서 거시적 세상을 창조해 내신 것입니다. 인간이 잘살 수 있도록 지구 내, 외에 모든 것을 만들었으며 해와 달 별들을 만들어 무한한 자전과 공전 시스템을 구축하였습니다. 그리고 지구에 식물과 동물 등 만물을 준비하여 인간이 살아가는데 부족함이 없는 낙원을 선물하였습니다. 그러나 아담이 하나님 말씀에 불순종한 관계로 인간이 영생하지 못하고 죽어야 했었고 낙원에서 쫓겨나야했습니다. 그 후로도 인간들이 악하고 불순종함에 하나님은 홍수로 노아 가족과 정결한 동물 7쌍과 부정한 동물 2쌍을 방주에 넣고 지구상에 모든 것을 홍수로 멸망시켰습니다.

이로부터 인간에게 십계명을 주시여 지키라고 하였습니다. 하나님께서 인간 세상을 사사를 보내 인간을 깨닫게 하셨습니다. 왕을 세워서세상을 통치하셨습니다.

하나님께서 인간을 사랑하사 2천 년 전에 독생자 예수님을 이 땅으로 보내셨습니다. 예수님은 아담이 지은 원죄를 대 속죄하기 위해 오셨습니다. 많은 병자를 고치시고 죽은 사람도 살아 내시면서 하나님께서 인간을 창조하신 것을 알게 하셨습니다. 그리고 귀신을 쫓아내시며 하나님이 만왕에 왕이란 권위를 나타내셨습니다. 오병이어로 5천 명 이상을 먹이는 기적을 보이는 등 하늘나라의 능력 보여주셨습니다. 또한 예수님이 십자가에 죽은 후 성령을 보내 예수님께서 생전에 하셨던 일을 대신하기 위하여 오셨습니다. 성령님은 다시 낙원의 세상을 이루기 위해 일하셨습니다. 성령님은 인간과 함께하시며 능력을 부여하셨습니다. 즉 의사에게 인체공학의 비밀이 밝히셨으며. 과학자에게 첨단 과학의 세상을 이루도록 도우셨습니다. 성령님은 인간과 함께하시며 천국의 길로 인도하였습니다

성령님은 예수님께서 '뜻이 하늘에서 같이 땅에서도 이루어 지리라' 라고 기도를 가르치신 것처럼 천국의 과학 수준이 현실로 이루어지도록 성령님께서 역사하셨습니다.

현대 과학은 양자 역학을 활발하게 연구하고 있습니다. 이 기술이 완성될 때면 하늘나라와 더욱 가까운 세상이 될 것입니다. 이 모두 성령

님의 역사 속에서 이루어지고 있다는 사실을 우리는 알아야 합니다. 그러나 요즘은 과학이 발달할수록 신앙에서 멀어지는 현상이 늘어나고 있습니다. 과학이 발전할수록 신앙인이 더 많아져야 하는데 참으로 안타까운 현상입니다.

성경 기록은 예수님이 이 땅에 오신 후로 성경책이 완성되었다고 볼 수 있습니다. 우리는 하나님께서 천지 창조한 내용이 담긴 창세기 1장과 예수님 말씀이 담긴 복음서를 과학에 입각하여 새롭게 통찰 해야 한다고 사료됩니다.

천지창조의 비밀을 6하 원칙으로 해석하면 (누가) 하나님께서, (언제) 태초에, (어디서) 하늘나라에서 이 땅으로, (무엇을) 천지 만물과 인간을 (어떻게) 창세기 1장에 함축하여 기록됨, (왜) 하나님의 영광을 받으시기 위하여 천지와 인간을 창조하였음이 논리 됩니다.

다시 말해서 하나님께서 우주 만물을 창조하신 목적은 인간을 위해서라 볼 수 있습니다. 십계명 중 4계명이 하나님을 섬기는 말씀이 기록되었습니다. 하나님께서 인간을 창조하신 뜻을 알 수 있는 것입니다.

하나님의 성품은 사랑과 은혜가 풍성하셔서 우리는 지은 죄를 회계하고 다시 하나님 앞에 서면 용서해주시고 다시 회복시켜 주십니다. 언제나 다시 돌아오기를 기다리고 계시는 참 좋은 하나님이십니다.

우리는 신앙고백을 할 때마다. 제일 먼저 '천지를 창조하신 하나님 아버지'라고 읍소합니다. 하나님께서 어떻게 천지를 창조하셨는지 4차산업 시대에서 과학적으로 이해되어야 할 것입니다. 그래서 하나님의 백성이 하나님 앞에 예배 드리기를 바라고 계실 것입니다. 예수님께서 '나는 부활이요 생명이니 나를 믿는 자는 죽어도 살겠고, 무릇 살아서 나를 믿는 자는 영원히 죽지 않는 것을 믿으라' 말씀하셨습니다. 우리는 예배에 더욱 힘써야 하며, '네 이웃을 내 몸과 같이 사랑하라'는 말씀에 순종해야 할 것입니다. 그때 비로소 이 세상에서 천국과 같은 인생을 누리며 살아갈 수 있습니다. 이를 위해서는 예수님의 말씀을 믿는 일이 그 무엇보다 중요합니다.

아멘

천지 창조의 비밀

1판 1쇄 발행 2023년 08월 01일

지은이 김형택
펴낸이 정원우

기획총괄 제갈승현
디자인 조효빈
교정교열 김태경
펴낸곳 어깨 위 망원경

출판등록 2021년 7월 6일 (제2021-00220호)
주소 서울시 강남구 강남대로 118길 24 3층
이메일 tele.director@egowriting.com